好员工
是这样炼成的

宋振杰 ◎ 著

图书在版编目(CIP)数据

好员工是这样炼成的/宋振杰著. —北京:北京大学出版社,2008.1

ISBN 978-7-301-13104-6

Ⅰ. 好… Ⅱ. 宋… Ⅲ. 企业管理—职工培训 Ⅳ. F272.92

中国版本图书馆 CIP 数据核字(2007)第 175169 号

书　　　名:	好员工是这样炼成的
著作责任者:	宋振杰　著
责 任 编 辑:	张　可
标 准 书 号:	ISBN 978-7-301-13104-6／F·1789
出 版 发 行:	北京大学出版社
地　　　址:	北京市海淀区中关村成府路 205 号　100871
网　　　址:	http://www.pup.cn
电　　　话:	邮购部 62752015　　发行部 62750672
	编辑部 82893506　　出版部 62754962
电 子 邮 箱:	tbcbooks@vip.163.com
印　刷　者:	北京楠萍印刷有限公司
经　销　者:	新华书店
	787 毫米×1092 毫米　16 开本　12.5 印张　155 千字
	2010 年 5 月第 1 版第 3 次印刷
定　　　价:	28.00 元

未经许可,不得以任何方式复制或抄袭本书之部分或全部内容。

版权所有,侵权必究

举报电话: 010-62752024; 电子邮箱: fd@pup.pku.edu.cn

目录
Contents

序　言//I

第一章　找准方向再启程

一、找到自己的北极星//3
　　1. 我是谁？——认识自我//5
　　　　⊙认识自己的性格倾向//6
　　　　⊙清楚自己的兴趣//7
　　　　⊙发现自己的特长//8
　　2. 我要到哪里去？——明确目标//9
　　3. 我怎样到达那里？——行动计划//12

二、时刻准备着//15
　　1. 动态"T"形知识结构//15
　　2. 高效"工"形能力模型//18

三、"千招会"不如"一招绝"//20
　　1. 从"万金油"到"特效药"//21
　　2. 让自己不可替代//23

四、不达目的不罢休//28

    1. 把糖果留到最后//29

    2. 坐住冷板凳//33

第二章　方法总比困难多

一、有方法就没问题//41

    1. 把问题当作舞台//42

        ⊙透过问题找机遇//42

        ⊙解决问题六步法//45

        ⊙做一个卖豆子的人//49

    2. 打穿做透干到底//50

        ⊙"多1盎司"定律//50

        ⊙充分发挥想象力//52

        ⊙方法不负有心人//54

二、总能找准关节点//56

    1. 用绩效说话//57

        ⊙坚决完成任务//58

        ⊙一句话赢得大订单//62

    2. 让自己奔跑起来//63

        ⊙不做"人债"做"人财"//64

        ⊙赢在起跑线//65

    3. 质量就是饭碗//67

        ⊙"6σ"精神//67

        ⊙1.5秒的巨额损失//69

⊙在无人处鞠躬//70

4. 拔掉浪费这颗钉//72

⊙吝啬也是好习惯//73

⊙省钱就是赚钱//74

第三章　好头脑不如好习惯

一、管好自己不容易//81

1. 管好时间就是管好生命//82

⊙坚持"二八法则"//82

⊙每天只做六件事//85

⊙节约生命的十二个窍门//87

2. 要捕鱼也要晒网//90

⊙PDCA 绩效循环//90

⊙留出时间自省//92

⊙"6S 大脚印"//95

二、精益求精才完美//97

1. 吹毛求疵不是错//98

⊙向"差不多"说"不"//98

⊙找到最佳方案//100

⊙每天进步 1%//103

2. 创意总在细微处//105

⊙小职员有大创意//105

⊙别让经验害了你//107

⊙创新也该有技巧//111

第四章 找对"贵人"结善缘

一、高情商换得好人缘//119

　　1. 扼杀不良情绪//120

　　2. 学会倾听//123

　　　　⊙适时回应//124

　　　　⊙别吝惜赞美//124

　　　　⊙多用肢体语言//124

　　3. 修炼"同理心"//126

　　　　⊙有"舍"才有"得"//128

二、找到你的"贵人"//131

　　1. 上司是第一顾客//132

　　　　⊙理解是沟通的基础//132

　　　　⊙做个优秀的追随者//133

　　　　⊙了解你的上司//134

　　2. 无事也登三宝殿//136

　　　　⊙选准时机//136

　　　　⊙突出重点//137

　　　　⊙谦虚谨慎//137

　　3. 领会意图最重要//139

　　　　⊙"5W2H 法"//139

　　　　⊙提出问题//139

　　　　⊙制订计划//140

　　　　⊙汇报进度//140

4. 组建"贵人团"//141
　　⊙ 找一只更大的手//141
　　⊙ 借智借力借网络//143

第五章　让阳光心态照亮前程

一、敢想还要敢做//149
1. 成功的秘诀是野心//150
2. 向高难度挑战//152
3. 积极的自我实现//155

二、警惕"态度滑坡"//158
1. "较真儿"就是负责任//158
2. 工作不论"分内""分外"//160
3. 跳出"老油条"怪圈//162

三、让生命怒放//165
1. 日行一善//165
2. 做一棵根系发达的毛竹//167
3. 扬起人生的曲线//169

四、不放过成长的机会//173
1. 劳动有价成长无价//173
2. 现在是未来的种子//175
3. 狠下心来对自己//178

序 言
Preface

　　我们每一个人生下来并不是一株国色天香的牡丹，雍容华贵；也不是一颗郁郁葱葱的大树，枝繁叶茂。我们都是一粒无名的种子，从母体中悄悄地探出头来，张望着陌生的大地，迎着地平线上的第一缕曙光开始了我们生命的旅程。经过寒冬的洗礼，春光的沐浴，酷暑的砥砺，秋日的风雨，每一颗嫩芽、每一片红叶、每一个果实都是我们生命的意义。

　　作为企业的一分子，从加入企业的那一天开始，我们就像一粒种子融入了企业文化的土壤之中，如何在这片广袤的土地上开出灿烂之花，结出丰硕之果呢？这就需要我们在思考中修炼，在修炼中觉醒，在觉醒中成长。

　　"嗨，我是吉尔伯特·阿里纳斯。这是我的故事。我刚进入NBA的时候，职业生涯前40场比赛，我是在板凳上度过的。他们说我得把板凳坐穿。我想他们根本没看到我的天分，觉得我就是个0，一无是处。我没有坐在那里怨天尤人，而是不停地训练，训练。在没有人信任你的时候，你的任何努力都会为自己加分。这已经不是我能否打好篮球的问题了，我要证明他们是错的。为什么我的球衣是0号？因为我要提醒自己，每天我都要全力奋战。"

　　这是美国NBA著名球星吉尔伯特·阿里纳斯在为阿迪达斯品牌拍的一则广告中说的一段话。每当看到这则广告，我总是浮想联翩、激情澎湃！

　　是啊，在通往成功的道路上，你可能还在坐着冷板凳；你可能还没有被赏识和重用；你甚至连一个出场表现自己的机会都没有得到。那么，请你不要灰心，不要抱怨，更不要放弃，因为这就是职场竞争的现实。阿里纳斯从一个默默无闻的小字辈，变成一位家喻户晓的篮球明星，他的经历告诉我们：好员工是炼出来的！

本书正是为每一位身处平凡之位，但却不甘平庸的员工而写的。结合职业培训与职业咨询的实践经历，我在本书中将与读者沟通以下五个方面的问题：

▶ 找准方向再启程

很多人都坚信"一分耕耘，一分收获""天道酬勤"等格言，殊不知，这些成功定律都有一个前提，那就是：正确的方向。由此，我们认为，方向比努力重要，确定目标比勤奋工作重要。如果方向错误，你越努力，越勤奋，你离成功就越远。所以，职业生涯中，我们务必保持清晰的人生方向，务必确定明确的职业目标。

只有找准方向，我们现在的努力才会对未来有意义。

▶ 方法总比困难多

确定方向和职业目标是为了"做正确的事"，那么如何把"正确的事"做好呢？这就需要我们"正确地做事"，也就是克服困难把事做好，做扎实。有一位老板在员工大会上说："你们可以不来上班，只要拿回订单就行；你们可以不用加班，只要完成任务就行！"这话说得很明白，如果完不成任务，即使我们费尽千辛万苦也是白忙。我们应该"碌碌有为"，而不是碌碌无为。所以，我们要注意工作的结果、效率、质量、成本等这些核心问题，学习和掌握科学的工作方法。

方法得当事半功倍，方法不当事倍功半。

▶ 好头脑不如好习惯

有的人看起来智商很高，聪明伶俐，而每到业绩评价与考核时总是表现平平，自己郁闷，上司的脸色也很难看。其实，当我们想干好工作而又没有干好的时候，就应该反省一下自己：是不是缺乏

序言 Preface

自我管理的好习惯？大凡成功的人，并不是拥有什么非凡的智慧与才能，他们只是具有一些让自己走向成功的良好的职业习惯而已。

我们修炼成功的习惯，习惯造就我们的成功。

▶ 找对"贵人"结善缘

关系顺利才能工作顺利，建立和谐的职业关系是我们职业成功的有力保障。有些人，在职场失意时，总是抱怨身边没有"贵人"相助。他们日思夜盼，可总是遇不到自己的"贵人"。其实，我们职业生涯中的"贵人"就在我们身边——我们的上司、我们的同事、我们的朋友，等等，都是我们的"贵人"，我们应该学会与他们有效沟通、和谐相处。

只要我们善待这些"贵人"，他们就会在我们困厄时雪中送炭，在我们得意时锦上添花。

▶ 让阳光心态照亮前程

职场的竞争表面上看是能力的竞争，实质上却是心态的竞争。我们对待人生、对待工作首先应该有期望，强烈的期望会变成坚定的信念，信念会左右我们的态度，态度则决定着我们的行为，而只有行为才能带来结果。可见，态度可以决定人生成败。我们有什么样的命运取决于我们想要拥有什么样的命运，我们成为什么样的人取决于我们想做什么样的人。

积极阳光的心态会让我们在平凡的工作中执著追求，快乐前行！

《大学》中说："自天子以至庶人，壹是皆以修身为本"，并指出"修身、齐家、治国、平天下"，修身乃第一要务。什么是修身？修身就是在如何做人、如何做事方面不断地修炼自己。当你意识到自我修炼的重要性，并在平时的工作和生活中注意修炼自己时，你的人生境界将从此与众不同：

——在老板和上司的眼中，你会是一个严格要求自己的优秀下属，你的业绩总是名列前茅，你总能得到公司的加薪、晋职、培养和重用，你与企业将建立起持久的互利共赢关系，你将迈向卓越与辉煌的职业坦途；

——你的同事喜欢与你共事，会主动与你交往并给你真诚的理解、支持和帮助，你是一个有人缘的受欢迎的人，你工作着也快乐着；

——你的家庭在你丰厚收入的滋润下更加幸福，家庭成员也将为你而骄傲，他们会全力以赴地支持你事业的发展，你也会在幸福美满的家庭中品尝到人生的甘甜；

——你的同行将被你出色的专业能力折服，他们乐意与你为伴，你的人脉资源不断扩大，这会为你增加许多意想不到的机遇。

你的职业素质在持之以恒的自我修炼之中不断提升，随之而来的将是你自身价值的提高。有一天，你将站在职业生涯辉煌的顶峰，周围是漫天红叶、累累硕果，一个声音自天际而来：

你已经成功！

宋振杰

2007年11月

第一章

找准方向再启程

> 我们正站在一个新的起点，2000年是重要的一年，象征着未来，是人们为之奋斗的里程碑。变化的速度加快，知道的事情增多，因而我们不得不重省自身，再悟自己的价值观和传统习惯，而这一切，都是个人所为，个人试图改变这个社会之前，首先要改变自己。
>
> ——《大趋势》作者约翰·奈斯比特

第一章　找准方向再启程

在企业里，每个人都想成为一名受重视的好员工，都有着自己美好的职业梦想。梦想着自己站在领奖台上接受鲜花、掌声、巨额的奖金、出国旅游的机票，甚至香车、别墅；梦想着有一天老板突然把自己叫到办公室，眼里充满赞许和期待地说："这一段时间你的业绩确实不错，为咱们公司做出了突出贡献，我们考虑让你担任你所在部门的经理，怎么样？"梦想着有一天，自己能够成为"金领"，跟随着老板南征北战，屡建奇功。

但是，再精彩的梦总要醒来，我们总要面对现实。要实现灿烂辉煌的职业梦想，要成为受企业重视的好员工，就必须先审视自己，充实自己，对自己的职业道路和知识能力结构有明确的规划。

一、找到自己的北极星

不少人深信掌纹上的生命线、事业线和婚姻线，认为这三条线记载着自己一生的命运。事实上，只有认识自己独特的命运，把握环境可能带来的运程，才能获得满意的人生与职业生涯。许多人期望透过算命占卜的指点，为自己规划一个可以预知的未来。只是算命先生不是因为"天机不可泄露"而遮遮掩掩，就是因为职业良知的觉醒而不敢误人子弟，或者干脆说命会随着运道的折冲而随时变化。结果，云天雾地，算来算去，还是弄得自己一头雾水。

其实，命运就像人们掌中的一只小鸟，手掌打开来它会直冲云霄、翱翔蓝天；手掌握下去它会身陷牢笼，甚至屈死掌中。生死轮回，成功失败，虽有天命关照，但更重要的还是取决于自己。人完全有能力规划自己的未来，并解读和掌握自己的"命运"："命"就是个人的天性和条件，"运"就是社会环境和机遇，两者组合出的独特"命运"就是自己的人生运程和职业路径。

在浩瀚无垠的撒哈拉大沙漠，有一个叫比塞尔的小村庄，它坐落在一片仅有11.6平方公里的绿洲旁。为了改变自己平淡的生活，认识外面精彩的世界，比塞尔的村民曾多次试图离开那里，尽管他们做了无数次的努力，最终还是一次次地返回了原地。

有一位叫肯·莱温的英国皇家科学院院士，听到这样的怪事后很好奇，他带着疑惑来到了比塞尔，期望亲自揭开比塞尔人走不出去的谜底。于是，他雇佣了一个比塞尔人，让他带路，想看看究竟为什么这里的人会走不出沙漠。他们两人准备了足够半个月的水，牵上两匹骆驼上路了，历经了千辛万苦，十天后，他们走了大约八百英里的路程，在第十一天的早晨，他们又回到了那片熟悉的绿洲——比塞尔。这时，肯·莱温终于明白了，比塞尔人之所以走不出大沙漠，是因为他们没有指南针，也不认识北极星。

几天后，肯·莱温在离开比塞尔时，带上了上次为他当向导的那个年轻人，告诉他只要白天休息，夜晚朝着北面那颗最亮的星星前进，永远不要偏离它，就能走出沙漠。肯·莱温走后，年轻人和村民们照着他说的方法去做，只用了三天，就走出了沙漠。

现在，比塞尔已经成为非洲沙漠中一处有名的旅游胜地，村旁矗立着一座纪念碑，上面写着：新生活是从选定方向开始的。

在现实生活中，有不少人像比塞尔人一样，在人生的沙漠中原地打转，只能徒劳地转着一个又一个圈子，无聊地重复自己平庸而单调的生活。想要开创不一样的人生，达到卓越的职业境界，必须从选定目标开始。没有目标和方向，工作和生活不可能发生任何改变，你只能叹息着、抱怨着徘徊于人生的旅途，永远到达不了任何地方。

斯蒂芬·茨威格曾在《人类群星闪耀时》一书中写道："一个人最大的幸运，莫过于在他的人生中途，即在他年富力强的时候发现了自己生活的使命。"人生苦短，人类生存的地球历经几十亿年，可是留给每个人的只是不足百年的光阴。青春犹如一颗清晨的露珠，总是在刚刚享受了一点温暖的阳光之后，转瞬就又化作云烟了。仔细想想，从踌躇满志的25岁，到已知天命的55岁，人们可以尽情施展才华，全心投入到事业中去的时间也不过三十年。

所以，好员工一定要保持清醒的头脑，认识自己，弄清楚"我是谁？"务必要把目光放长远，了解企业环境和自己职业的发展方向，弄清楚"我要到哪里去？"务必保持理性的智慧，立足当前，放眼未来，弄清楚"我怎样到达那里？"要明确这三个问题，就要重视对人生目标的思考和规划，认清自己职业发展的方向和路径。

1. 我是谁？——认识自我

一个好员工首先要有清醒的自我觉察意识，知道自己是谁是把握自己命运的第一步。比如鸟善飞翔，鱼善游泳。鸭子也会游泳，但即使最会游泳的鸭子也比不上最差的鱼；有的鱼也会飞，能飞三尺多高，但即使再会飞的鱼也不如最笨的鸟。所以爱克斯在《豺狼的微笑》一书中说："认识自己，实践自己，即是天堂；不认识自己，想扮演别人，即是地狱。"就职业生涯规划设计来说，必须首先弄清楚三个关键问题，这就是自己的性格、兴趣与特长，这样才能做一个最真切的自己，最好的自己。

➤ 认识自己的性格倾向

心理学家认为,性格是个人对现实的稳定态度和习惯化了的行为方式。可见性格并不是独立存在的,人们在日常生活中的态度及行为表现都会反映其性格特征。人的个性差异首先表现在性格上,恩格斯说:刻画一个人物不仅应表现他做什么,而且应表现他怎样做。"做什么",说明一个人追求什么、拒绝什么,反映了人的活动动机或对现实的态度。"怎样做",说明一个人如何去追求要得到的东西,如何去拒绝厌恶的东西,反映了人的活动方式。

有心理学家认为人的性格倾向气质有四种:一是胆汁质,这一类型的人情绪变化迅速,意志力坚强,工作热情高,有时脾气暴躁,情绪起伏很大;二是多血质,这一类人情绪外露,活泼好动,工作适应力强,讨人喜欢,交际广泛,容易接受新事物,也容易见异思迁而显得轻浮;三是黏液质,这种类型的人情绪比较稳定,兴奋度低,喜欢沉思,思维和言行稳定,冷静而踏实,对工作考虑细致周到,但有时缺乏工作激情;四是抑郁质,这种类型的人情绪体验深刻,不易外露,观察事物细致,行动缓慢,多愁善感,不善交往,工作中常缺乏果断性。人的各种性格气质都有其优缺点,并没有好与不好之分,关键是要能够根据自己的性格倾向选择适合自己的职业方向,实现性格与职业的最佳匹配。

如何相对准确地认识自己的性格呢?心理学界一般使用个性测验量表来测评一个人的性格。目前比较常用的主要有:卡特尔十六项人格因素测验问卷、明尼苏达多项人格测验基本量表、霍兰德职业倾向测试量表、九型人格测试、荣格心理测试等。我国心理学界和职业咨询机构也参考国际成熟的经验样本,结合我国民众实际情况开发设计了一些测评量表,这些量表可以从不同角度，对一个人的个性做出全面的评定。

➡ 清楚自己的兴趣

2001年5月，美国内华达州的麦迪逊中学，在入学考试时出了一个有趣的题目：比尔·盖茨的办公桌上有五只带锁的抽屉，分别贴着财富、兴趣、幸福、荣誉、成功五个标签，盖茨总是只带一把钥匙，请问盖茨带的是哪一把钥匙？

有的学生把它当成了一道作文题来答，有的学生选了一个答案就交卷了，还有的弄不清究竟什么意思而没有作答。最后，还是比尔·盖茨给麦迪逊中学的回信揭开了谜底，信中只有这么一句话：在你最感兴趣的事物上，隐藏着你人生的秘密。

不同的人对不同的事物有不同的兴趣。有的人倾向于情感世界，千方百计地结交朋友；有的人则倾向于理性世界，喜欢逻辑分析；有的人喜欢动脑，读书、写作、运算、设计津津有味；有的人喜欢动手，车、钳、刨、铣乐此不疲。这种兴趣上的差异是人们选择职业的重要依据，因为不同的职业适合有不同兴趣特征的人。一个喜欢动手的人，如果硬把他的兴趣转移到书本理论上来，他就会感到一身技艺无处施展。

著名职业经理人李开复先生，当年读大学选专业时曾经选择攻读当时比较热门的法律专业。可是一年多以后，他发现自己对法律并没有兴趣，对于计算机编程却情有独钟。经过对自身情况的仔细分析，在老师的鼓励下，李开复在大二时决定转入哥伦比亚大学计算机专业。想起当年的人生选择，李开复感慨地说道："若不是那天的决定，今天我就不会拥有计算机领域的成就，很可能只是在美国某个小镇上，做一个既不成功又不快乐的律师。"

兴趣广泛的人会经常注意多方面的新情况，善于应付多变的环境，能很快地熟悉并适应新的工作，善于探索和创造。但是，如果因为兴趣广泛而缺乏对事物的专注，不断地转移自己的兴趣和注意力，就会对于职业发展十分不利。所以，在职业生涯中，要注意寻找自己的职业兴趣，并且重点加以培养。在确定职业方向之前，应该把业余爱好与职业兴趣区别开来，结合外界的客观条件，考察哪种职业兴趣更有拓展的潜力，从而把兴趣与职业有机地结合起来。

▶ 发现自己的特长

在美国耶鲁大学的入学典礼上，校长每年都要向全体师生特别介绍一位新生。有一年，校长介绍的是一个自称会做苹果饼的女学生。很多学生包括老师都感到不可思议，耶鲁大学可谓是人才济济，为什么单单要推荐一个擅长做苹果饼的学生呢？最后还是校长自己道出了原委。他说："耶鲁大学每年的新生都要填写自己的特长，而几乎所有的同学都填写诸如运动、绘画、唱歌、下棋等为特长，从来没有人填过自己的特长是擅做苹果饼，我觉得这个特长才是真正的特长，如果他填上自己'擅长厨艺'，我可能就不会选她了，要知道所谓特长就是真正的擅长。"什么是特长？《现代汉语词典》的解释是：特别擅长的技能或特有的工作经验。其中，技能是指掌握和运用专门知识的能力。俗话说：没有金刚钻儿，揽不了瓷器活儿。现代职场也流行一句话，叫做"千招会不如一招绝"，而"金刚钻"和"一招绝"就是好员工职业竞争的资本，也就是他们的核心竞争力。

日本有一个叫吉田的人，当初移民到美国时，口袋里只有500美元。由于不懂英文，他只能给人家当男仆。谁知祸不单行，他的女儿又生了重病，他真后悔到美国来做发财梦。幸好在周围朋友的帮助下他才渡过了难关。圣诞节临近的时候，吉田想做点什么来感谢资助他的朋友们，可是自己却一无所有。这时，他突然想起来自己有一个特长——调制酱汁。于是，他亲手调制了酱汁，装在一个个精制的瓶子里送给他的朋友们。

出乎意料的是，所有收到他礼物的朋友都一致要求他再做一些，还有人建议他干脆把酱汁拿去卖，肯定会生意兴隆。这样，在朋友的鼓励和帮助下，他开始经营酱汁生意。从此，他的生意一发不可收拾，他的酱汁不仅风靡全美，而且销售到全球许多国家。经过十多年的精心经营，他已经成为一个拥有5 000万美元资产的富翁了。

要发现和培养自己最具竞争力的特长，必须要清楚地回答两个问题：第一是我想做什么？第二是我能做什么？有人问比尔·盖茨成功的秘诀是什么，他说："知道自己究竟想做什么、知道自己究竟能做什么是成功的两大关键。"

不少人往往将兴趣误认为是特长。比如有的人喜欢唱歌，就认为自己的特长是唱歌，这就大错特错了。唱歌仅仅是你的兴趣，而不是特长，你的洪亮嗓音才是你的特长。如果你不注意发现和培养自己嗓音洪亮这个特长，纵使你唱到两鬓斑白也难以有所成就。所以，要想获得事业的成功，必须注意发现自己真正的特长，并将特长培养成一种技能，使其与你的职业相匹配。

2. 我要到哪里去？——明确目标

有三个男人提着大包小包的行李，风风火火的赶到火车站，此时，火车正缓缓驶出车站。于是这三个人沿着站台一路追赶，试图从还没关闭的车门上去。其中两个身强力壮的人，终于在车门关上之前的最后一刻跳上了最后一节车厢。可是，那个没有赶上火车的男人，却在站台上大笑起来。站台服务员疑惑不解地问他："你怎么啦，没赶上火车，还笑得这么开心？"那个人上气不接下气地答道："他们，他们是来送我的。"

是啊，现代生活中的一切似乎都在提速，人们总是在马不停蹄地奔跑之中。不少人只顾奔跑，却很少去思考自己为什么奔跑？结果在忙乱的节奏中失去了方向，在喧嚣与躁动中迷失了自己。所以，一个好员工必须时刻注意理清自己的思路，把握自己的职业方向。

【案例】 职场"跳蚤"的困惑

做技术员不自由，做管理人员太清闲，做销售员又太辛苦……小明大学毕业三年换了五个工作，现在，小明又要跳槽了，可是在人才市场逛游了一天，他却不知道自己该去哪里了。

2003年，小明毕业于一所名校的机械专业，在参加校园招聘时，他顺利地被广东一家企业看中。参加工作后，他每月底薪1500元，加上加班费，每月收入也有2000多元。应该说对于一个刚刚毕业的学生来说，还是不错的。只是整天和图纸打交道，还要经常加班，小明觉得太不自由。一天，他的一个师兄打电话，说他所在的那家公司最近一直在招聘物业主管，待遇条件相当不错。经不起师兄的劝说，小明谢绝了广东老板的盛情挽留，来到了南京的这家房地产公司上班了。不到半年，小明发现所谓物业主管就是管理几名保安和保洁员，简直是浪费自己的青春。2004年春节回家，谈起自己的工作，小明唉声叹气。姐夫听了之后说："年轻人干那些工作有什么意思？应该出去闯一闯，搞销售才是锻炼自己、提高自己的最好途径，干脆和我一起跑销售好了！"于是小明听从姐夫的话，跳槽到一家医药公司做销售。刚开始他感觉销售挺好，可是三个月下来，没日没夜地跑业务，吃尽了苦头，最后算账时发现，除去吃饭、交通和通信的费用，几乎没有多余的收入。小明不顾姐夫的反对，又来到了人才市场。

就这样，小明三年换了五个工作单位，成了职业的"跳蚤专家"。

很明显，小明"跳槽"的主要原因在于他职业定位的缺失。做好职业定位必须进行认真的职业生涯规划，就是要把个人发展与企业发展相结合，对决定个人职业生涯的个人因素、企业因素和社会因素等进行细致的分析，制订自己职业发展的规划。

规划职业生涯首先要对自己的特点进行分析，再对所在组织环境和社会环境进行分析，特别是要结合所在企业的长期发展愿景、发展战略和人才战略，制订自己的奋斗目标，编制相应的行动计划，并对每一步骤具体实施的时间、顺序和方向作出合理的安排。

规划职业生涯一般有以下八个步骤：

（1）确立志向。人无志不立，只有志存高远，才能成就一番事业。理想和志向是指引人们走向卓越的灯塔。

（2）自我评估。认识自己，综合考量自己的性格与气质、兴趣与爱好、优势与劣势，弄清楚自己究竟想要什么、想干什么、想拥有怎样的职业和人生？

（3）环境分析。分析国内外、行业内外、企业内外的职业和就业形势，把握职业发展方向，努力使自己的兴趣爱好与职业市场的需要相吻合。

（4）职业选择。是选择相对稳定的职业，比如公务员、专业技术人员等，还是选择有挑战性的职业，比如管理者、推销员、研发人员等。

（5）路线选择。是走技术路线、行政路线？还是营销业务路线？

（6）确定目标。三五年后要达到什么样的职业成就？比如做到业务主管还是业务经理？每年要取得什么样的工作绩效？

（7）计划实施。为了实现职业目标应该采取哪些具体行动？分成哪几个具体步骤？

（8）评估反馈。每年评估一次自己的职业绩效，看看离自己的职业目标是远了还是近了？存在什么样的问题？下一步应该怎样努力？

　　需要注意的是，人不仅仅是为了世俗的金钱、权力而活着，事业和职业目标仅是人生目标的一个组成部分，人生还有很多更为珍贵的东西。一个平衡和谐的人生目标系统，包括个人发展、事业经济、兴趣爱好、和谐关系四大相互联系的子系统，这四大子系统中包含健康、发展、理财、事业、休闲、心灵、家庭、人脉等相互配合的八个方面具体内容。要想拥有成功的人生，就应该统筹兼顾这些因素，不可顾此失彼。

　　很多人都坚信"天道酬勤""一分耕耘，一分收获""勤奋+汗水＝成功""世上无难事，只要肯登攀""笨鸟先飞"等等成功的格言，殊不知，这些指导成功的道理是建立在一个基本前提之上，那就是——正确的前进方向。

　　也就是说，正确的选择比勤奋努力更重要；确定方向比能力超群更重要；知道自己应该干什么比会干什么更重要。也可以说，如果方向错误，你越努力，就会离成功越远，离失败越近。所以，在努力奔跑之前，必须明确自己的职业方向和目标是什么。

3. 我怎样到达那里？——行动计划

　　目标的确定仅仅是职业成功的第一步，如果缺乏一步一个脚印地行动，再好的目标也只是纸上谈兵。所以，远大的目标必须被转化成实际的行动计划，宏伟的蓝图应该落实为具体的执行措施。古往今来，众多成功者的故事说明，把大目标化成小目标，逐个实施，各个击破，可以取得明显的职业成效。

第一章 找准方向再启程

【案例】 分步到达五彩池

去过我国四川黄龙风景区的朋友都知道,黄龙风景区的标志性景观是位于海拔3900米的五彩池。但是对于大部分没有高原生活经历的人来说,平地与高原有着天壤之别。要想不虚此行,观赏"人间瑶池"的美景,游客必须克服胸闷、头疼、呼吸困难甚至昏厥等高原反应。不少游客乘兴而来,却不得不因为强烈的高原反应半途而废。

风景区的管理者似乎意识到了这一点。为了鼓励游客克服困难并成功登顶,减少游客的遗憾,他们在栈道的一旁制作了精致的指示牌,每100米设置一个,例如:"距离五彩池1800米""距离五彩池1700米"……"距离五彩池200米""距离五彩池100米"。我与大部分游客一样,在游览黄龙风景区时,正是靠这些指示牌的鼓励才成功到达了五彩池。

据风景区管理人员介绍,自从设置了指示牌后,成功登顶的游客数量提高了五成多。

五彩池的例子说明当人们的行动有了明确的目标,并能把自己的行动与目标不断地加以对照,进而清楚地知道自己的行进速度和与目标之间的距离时,人们的行动会因此得到强化与激励,人们会更加全力以赴地朝着目标前进。而且,由于把大目标分解为很多个容易达到的小目标,你每前进一步,就实现了一个小目标,从而体验到一点成功的满足和喜悦,这种自豪与自我肯定的感觉,将刺激你充分发挥自己的潜能去达到下一个目标。

在工作和生活中,有些人做事常常会中途放弃,这往往不是因为有多大的困难,而是他们感觉距离成功的目标太遥远了。就这样,许多人不是因为失败而放弃,而是因为目标的渺茫而气馁了。只要掌握了分解目标的技巧和方法，一步一个脚印地向前走，成功就在你的眼前。

光阴似箭，日月如梭。一旦明确了自己的职业目标，好员工就会全力以赴，持之以恒。一个好员工会抓住他职业人生中最关键的三十年。

一般来说，25岁到35岁的十年，是辛勤耕耘的十年，是对自己投资的十年，也是人生和事业最关键的十年。这一阶段的核心任务是提升自己的职业竞争力，磨砺自己的"金刚钻"，积累自己的职业资本。华为总裁任正非有句名言："我们只有成长，没有成功。"这应该是25岁到35岁这个时期的座右铭。所以，学习知识，提升技能，让自己迅速成为行业或专业专家是这一时期的中心任务，至于薪酬待遇方面的事情不可斤斤计较。

35岁到45岁的十年，是做成大事业的十年，是靠智慧制胜的十年，是整合资源实现职业价值最大化的十年。这一阶段的核心任务是提高自己的团队领导能力，达到"振臂一挥，应者云集"的职业境界。所以，广交"贵人"，拓展人脉是这一时期的中心任务。

45岁到55岁的十年，是靠职业魅力成功的十年，也是人生收获的季节。因为你在前面两个阶段播下的种子都会在这个阶段开花结果，在与人分享自己的财富与成功的同时，你将尝到奋斗后的甘甜！

55岁以后，应该开始人生的第二个青春，继续服务和贡献于社会，还是"归隐山林"，享受天伦之乐，都由你自己决定，因为，此时的你回望人生，可以无愧无悔地对自己说："我已经成功了！"

二、时刻准备着

如果说你是一条船,职业生涯是你要去历险的河流,那么你的知识结构和能力水平就是你手中的双桨,它会帮你渡过急流险滩,让你这条船行得更稳更快。

1. 动态"T"形知识结构

知识经济时代,决定生产力进步的核心要素已经由农业经济的土地、工业经济的资本转变为知识经济的知识。所以无论是国家、政府、企业或个人,学习能力是最根本的竞争力。为了实现自己的职业梦想,完成自己职业生涯规划的奋斗目标,好员工会始终注意自己的知识储备和积累,为职业进步和事业成功提供源源不断的知识资源和智力支撑。

图1-1 动态"T"形知识结构

对个人而言,做一个好员工的前提是要知道自己怎么去做工作,这就需要建立一个科学合理的知识结构。一般来说,好员工必须建立起一个动态的"T"形知识结构才能满足工作的需要。如图1-1所示,这种知识结构的主要测定指标有三个:即专业知识的深度、相关知识的广度和与时俱进的时间度。对知识的广度、深度、时间度的理解如下表:

表1-1 知识的三度

时间度	举例(营销人员)	
相关知识 (广、博、杂)	保持对旧知识的扬弃、对新知识的敏锐性与终身学习力。	**一般知识**：政治、经济、科技、历史、社会等常识性知识； **管理知识**：企业管理、业务决策、计划组织、沟通合作等知识； **相关知识**：技术、生产、供应、质量、财务、心理学等知识。
专业知识 (专、精、细)	保持对旧知识的扬弃、对新知识的敏锐性与终身学习力。	产品知识、市场知识、营销知识、客户知识等。

需要强调的是，要想在一定领域取得卓越的绩效，知识结构应该以专精为主，以广博为辅，特别要注意自己专业知识的深度和厚度，成为一个领域、一个专业或一个方面不可替代的"专家"。

福尔摩斯是英国作家柯南道尔笔下的世界著名侦探，他勇敢机警，具有高超的侦查、分析、判断、推理才能。然而，柯南道尔在《血字的研究》一文中，列出了一张很有意思的福尔摩斯的知识简表，那张表反映出福尔摩斯的知识结构十分不协调：基本没有文学、哲学和天文学知识；政治学知识浅薄；植物学知识也不全面，但对于莨菪制剂和鸦片却知之甚详，对毒剂有一般的了解。而对于实用园艺学却一无所知；地质学知识偏于实用，他一眼就能分辨出不同的土质，凭着溅在某人裤腿上的泥点子的颜色和坚实程度，就可以判断出此人到过伦敦的什么地方；他看多许多惊险文学作品，几乎对近一个世纪中发生的一切恐怖事件都知之甚详；此外，他的小提琴拉得很好，善使棍棒，也精于刀剑拳术；他还具有充分的关于英国法律方面的实用知识；同时，他还具有一些独到的知识，如他瞟一眼就可以猜出某人的大致经历，并且能够辨识一百四十多种烟灰，熟悉从事各种职业的人的手形。

也许从福尔摩斯独特的知识结构中，你会受到一些有益的启发。首先，做出出色业绩仅靠一门知识是远远不够的，必须有相关的多门知识，知识面要广博；其次，也是最重要的，必须明确自己的专业知识方向，并做到专、精、细、深，具有系统性，有自己独特的认识和见解；第三，与实现职业目标和完成工作绩效无关的知识可以不要；第四，学一些自己感兴趣的知识，丰富自己的生活，例如琴棋书画等。

那么，好员工应该如何建立自己科学合理的"T"形知识结构呢？说一句大白话，就是工作需要什么就应该学什么。因为行业、企业、职位、岗位的不同，每个人的学习内容与知识结构也各不相同。在确定自己的学习方向和目标，完善自己的"T"形知识结构时，应结合自身职业生涯规划和人生目标，检讨自己的知识缺陷，有目标、有计划地加以完善和补充。同时，还要注意抓住重点，进行知识积累优先排序，分清轻重缓急，不能眉毛胡子一把抓。

表1-2 知识改善自查排序表

	应该具备	目前水平	欠缺方面	提升计划
行业、企业最需要的知识	1. 2.			
职业、岗位目标最需要的知识	1. 2.			
当前最急需应急的知识	1. 2.			

2. 高效"工"形能力模型

一个好员工仅仅具有完善合理的知识是远远不够的,"知道怎么做"与"会做、高绩效地做"是完全不同的层次。知道怎么做只是具备了纸上谈兵的条件,而"会做、高绩效地做"则是具有了战无不胜的杀伤力和职业竞争力。所以,好员工要想取得好绩效必须要有强大的职业能力结构作为支撑。

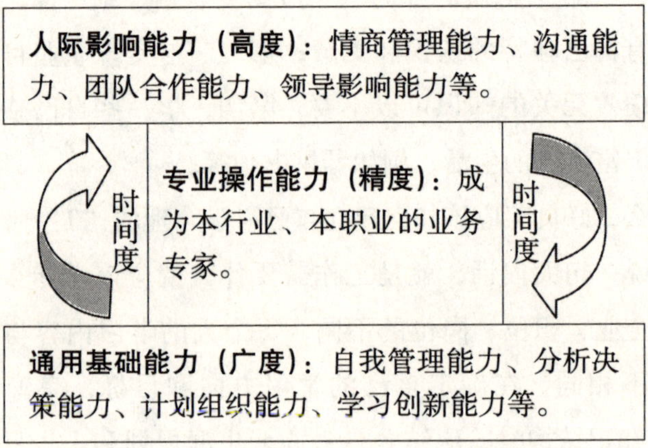

人际影响能力(高度):情商管理能力、沟通能力、团队合作能力、领导影响能力等。

 时间度

专业操作能力(精度):成为本行业、本职业的业务专家。

 时间度

通用基础能力(广度):自我管理能力、分析决策能力、计划组织能力、学习创新能力等。

图1-2 高效"工"形能力模型

通用基础能力的广度,是指好员工应该具有扎实而稳定的职业素养和职业习惯,这些职业能力包括自我认知能力、时间管理能力、信息搜集辨别能力、逻辑分析与决策能力、计划组织协调能力、学习创新能力等。这些能力的建立非一日之功,需要耐住性子、沉下心来持之以恒地磨炼自己。

专业操作能力的精度,则是指一个人的专业功底是否扎实、是否精通。要竭力避免陷入"半瓶子醋"的能力陷阱。只有做到干一行、钻一行、懂一行、精一行,才能成为这个行业的专家,才能成为企业中不可替代的好员工。

人际影响能力,是衡量绩效大小的关键指标。个人具备了

通用基础能力的广度与专业操作能力的精度后，可以获得个人的"小绩效"，然而只有影响他人、帮助他人、带动他人进而引领团队，才能获得职业生涯的"大绩效"和"大成功"。人际影响能力主要包括人际关系和人脉资源的开发与经营能力、沟通与合作能力、领导与影响能力等。

时间度的关键点在于与时俱进。积极应对各种变化带来的职业挑战，随着时代的发展、职业的变化和岗位的调整，迅速意识到自己能力的不足，及时提升和完善自己的高绩效"工"形能力结构，保持自己的职业竞争力。

需要特别指出的是，在提升自己的职业能力过程中，应该坚持"发挥优势"的基本原则。所谓"发挥优势"就是着力提高自己最擅长的技能，着力于自己最感兴趣的领域。近年来"木桶理论"在企业管理界比较流行。木桶理论认为，在一个团队中，综合绩效决定于最短的一块木板。提高团队绩效的方法就是"补短板"。但是"木桶理论"对于个人而言并不一定适用。个人素质中的那块"短木板"，由于遗传、环境、性格等方面的因素，可能既拿不掉，又补不长。每个人的能力体系中都有长处和短处。在竞争激烈、讲究绩效的年代，着眼于个人的短处，而试图通过培训等方法"取长补短"，是很难见效的。如果这种短处是你的性格或能力特征中无法改变的，那么这种"取长补短"的努力更是劳而无功。

乌龟不应该在意兔子跑得有多快，也不应该与兔子比赛跑，而应该修身养性，在"长寿"这个指标上下功夫。或者重新选择赛跑的地点，比如到水里比游泳，看谁游得快。个人也是一样，在分析和认识到自己的长短之后，必须在自己的最优处着力，把时间与功夫下在最能体现自己长处的特点上，才能事半功倍。因此，对于职业人士来说，提高能力的重点应该是"扬长"，而不是着眼于"补短"。

那么，如何建立和完善自己的"工"形能力结构呢？

首先，要结合行业、企业和职业竞争的需要。能力的培养和提升要紧贴目前所处的行业、企业和岗位的需要，否则，你的能力就无用武之地。如果你想成为一名职业管理者，但你在职业管理者所必备的职业知识和能力上有短板，那么，你就必须把这个"短"补上。比如，沟通能力是管理者最基本的素质要求，你要想在管理岗位上有所发展，你就必须补上这一课，否则，你就不称职，你就无法有更好的发展。假如你的性格和习惯无法改变，确实补不上这一课，你就应该考虑是不是应该改行，比如走技术发展的道路应该相对适合自己一些。

其次，要理解能力的定义。只有明确能力的定义，对能力素质要素有准确的把握和理解，才能有的放矢，循序渐进，有目标、有计划地改善与提升自己的能力结构。理解能力的概念可以通过三条途径：一是认真学习领会企业对员工素质能力的要求，这些一般能在公司的《能力素质词典》、员工职业素质模型、岗位职务说明书等方面获得；二是学习高绩效的成功者，实施标杆学习计划；三是征求主管领导、同事、职业素质专家的意见。

三、"千招会"不如"一招绝"

太阳的能量比一束激光不知大多少倍，它却不能穿透一张薄薄的纸，而激光却可以穿透一块钢板。"因为专业，所以优秀；因为优秀，所以成功。"你可以没有高学历，也可以没有工作经验，但只要你有一项专业特长或技能，你就会得到企业和社会的承认。然而，不少人自诩有多种技能，但由于蜻蜓点水，钻研不透，反而不如拥有一项专长的人受企业的青睐。

1. 从"万金油"到"特效药"

"万金油",顾名思义,什么都懂一点,什么都会一点,哪儿都能用,但是都派不上大用场。职业"万金油"有如下几个特征:

——什么都会,但什么都只会一点儿,证书不少,却不能拍着胸脯说自己是哪个行业的专家;

——什么都能做,但什么都做不透;

——日常事务还能应付,一旦让他独立运作一个项目,他又不敢应承;

——想换个工作可是不知道自己究竟能干什么;

——工作内容较杂乱,没有行业和职业核心竞争力。

好员工不该是万金油,而应该是能够独当一面的业务尖子,是企业一剂"特效药"。

【案例】 从打杂工到战略规划专家

高琼大专毕业后,进入了一家大型企业行政部当文员。说是文员,其实和打杂差不多,打字、打水、打扫总裁办公室和会议室卫生,会议服务,接听电话,收发信件等等都由她负责。有一次,偶尔闲下来的高琼坐在那儿发呆,总裁路过时对她说:"小高,你的潜质很不错,人聪明又敬业,不过应该有自己的专业专长才对,老是干杂活也不是办法。"总裁的一席话让高琼如梦初醒,是啊,没有自己的一技之长将来靠什么吃饭?这之后,天资聪慧而又好学上进的高琼开始努力了。不到三年的时间里,她顺利地拿到了助理会计师、人力资源管理师、心理咨询师等多个证书。每拿到一个证书,她都把证书的复印件送给公司的人力资源部,期望对自己的岗位调整和职业进步有所帮助,可是,等来等去也没有什么结果，高琼有些灰心。

一次，高琼要陪总裁一起参加一个机械制造行业发展战略研讨会，出发前，总裁让她认真准备一些行业发展动态资料。连续加了三个晚上的班之后，高琼终于把一份内容翔实的行业发展动态报告整理了出来。飞机上，总裁翻阅了她整理的材料后问她："怎么样？最近有什么进步啊？"高琼把自己这些年来的学习成果向总裁一一做了汇报。总裁说："不错，你很勤奋，也善于学习，不过，问题是你没有给自己选准一个专门的方向，我看你应该结合自己的工作找一个突破口才对。"高琼犯了难："我现在的工作是打水扫地干杂活，怎么选方向啊？""我看你的这份报告就写得不错么！"总裁笑着说。

两天的会议中高琼断断续续地旁听了专家讲座和企业老总们的发言，其中的一些前沿观点与自己当初撰写的报告不谋而合，想起飞机上总裁的最后一句话，高琼似乎看清了自己今后的职业方向。

这之后，高琼将自己的全部精力集中在了企业战略管理上。在自学企业管理MBA课程的同时，她自费参加了两个战略管理研修班。公司战略规划部的一些资料是她的实战教材，而在做公司会务服务的过程中，她听到的一些具体事件更是值得研究的活生生的案例。一次，她收到了战略部转交总裁的《公司未来十年发展规划报告》，回到家中，她挑灯夜战写了一篇《关于公司未来发展的几点思考》的文章，对战略部的报告做了几点补充，第二天她忐忑不安地把这篇文章放在了总裁的办公桌上。

再之后，高琼调到了公司战略规划部，又过了三年，她成了这个部的部长。而且，高琼的不少关于行业发展的文章不断见诸报端，前不久，她接到了行业协会给她发来的邀请函，邀请她以专家的身份参加本年度的行业发展高峰论坛。可以预见，展现在高琼面前的是一条无限光明的职业坦途。

惠普公司前CEO奥菲丽娜说："人生是一个不断剔除枝叶、走向主干的过程。过多的枝叶会影响我们成为参天大树的进程。""我专故我在"应该是现代职场生存的基本法则。不少人不是不聪明，也不是不好学，更不是不努力，问题是他们总是见异思迁，朝三暮四，东一榔头西一棒槌，耐不住性子在基层进行专业经验的积累和能力的提升，最终没有一种可以拿得出手的专业技能，成了不折不扣的"万金油"。

2. 让自己不可替代

好员工是如何成为"特效药"而让自己不可替代的呢？唯一途径就是"专业化生存"。所谓"专业化生存"就是在现代知识经济条件下，选择一个适合自己的职业，通过学识、经验、能力的不断累积，提升专业素质，拓展自己在行业或专业领域内的声望和实力，塑造行家里手的职业形象，最终实现职业常青和职业生涯的可持续发展，开创通往职业高峰的黄金道路。

让自己不可替代才能使自己的职业价值保值、增值。好员工的价值不是老板或别人施舍的，而是由市场需求和自己的能力决定的。如果一个员工缺乏业绩的支持，他随时都面临被市场淘汰的可能。因此市场价值是好员工的生命，失去了职位，没有关系，但是失去了市场价值，就意味着职业生涯的终结。

你可以这样想一想：假如明天我离开了公司，公司和老板会真心诚意地挽留我吗？假如明天我离开了公司，公司会不会因为无法立即找到一个接替我的合适的人选，而影响业务工作的正常开展？如果是，那你的职业价值就很高；如果不是，那你的职业价值就比较低。

成为业界或企业不可或缺的专家是取得工作高绩效的关键所在，要立志成为公司和老板不可替代的人，就要发奋努力成为行业或职业专家。这里所说的专家并不是指平时人们说的学术领域的专家，而是说，在你工作的领域，在你从事的专业，你要成为行家，具有自己独特的知识结构和专业能力。最起码，在你所服务的企业里要首屈一指，形成自己的专业权威。

一个好员工一定是他所从事工作领域的"专家"。从普通员工成为专家要经历三个阶段，这三个阶段可以借用清代王国维在《人间词话》中提出的"治学三境界"来描述：

登高望远——"昨夜西风凋碧树，独上高楼，望断天涯路。"

与其掌握好几十种职业技能，还不如精通其中一、两种，什么事情都知道些皮毛，还不如在某一方面懂得更多，理解得更透彻，做得更好。工业革命的结果就是现代社会的分工和专业化，在竞争激烈的市场中，没有核心竞争力的企业终究要倒闭；在竞争激烈的职场中，没有核心竞争力的人，一辈子注定只能拿死薪水，甚至会被淘汰出局。为了不至于使自己成为各方面都懂一点、会一点的"半瓶子醋"，不妨问自己几个问题：

——我是否正走在一条正确的职业道路上？我的职业方向明确吗？

——我选择了这个职业中的某一个专业作为突破口了吗？

——我是否像艺术家对待作品一样，认真地对待自己工作的每个细节？

——为了扩大自己的知识面，为公司创造更多的价值，我坚持学习有关的专业技能和专业知识了吗？

——我所做的每一件事是否都尽心尽力、做到了极致？在我所从事的专业领域，我是否有自己的独特见解？是否具有一定的影响力？

如果你对这些问题无法做出肯定的回答，那就说明你并不比他人做得好，再这样继续下去，你根本无法超越他们。在自然界中，每一个物种都在发展和强化自己的新特征以求适应新环境，获得生存空间。职场生存也是如此，泛泛地了解一些知识和经验是远远不够的，多才多艺往往使不少聪明的人失去了很多成功的机会。一位著名的企业家说过："'万事通'在我们那个年代还有机会施展，现如今已一文不值了。"

所以，好员工应该在职业生涯规划的过程中，仔细审视自己，认清环境，彻底搞清楚：我想干什么？我能干什么？我会干什么？社会和企业需要我干什么？

勤学苦练——"衣带渐宽终不悔，为伊消得人憔悴。"

最近一段时间，许振超的名字可谓是家喻户晓。这位初中只上了一年多的青岛港码头工人，创造了一个又一个的桥吊奇迹，他一小时能吊运60个标准箱，他创造的"无声响操作"让外国船员瞠目结舌。

1984年夏天，许振超到上海港学习桥吊。在40米高空的桥吊驾驶室中，要将地面集装箱上，只有十几公分大的锁孔齐齐对上，确实不是一件容易的事。而"无声操作"对齐锁孔的技术，既涉及装卸运输的效率，也影响着机械和物品的安全。为了掌握这一技术，他在两年多的时间里反复练习，抓起，放下，放下，抓起。现在，许振超"玩桥吊"简直到了人机合一的境界。他只需用眼睛上扫集装箱边角，下瞄船上装箱位置，手握操纵杆变速跟进找垂线，用眼一瞄，定位就有了。

在青岛港开门机的时候，他发现装卸粮食时撒漏现象很严重，常常是一钩货落下去，撒在车外的比留在车内的还多。看到工人们拿着铁锹清理撒漏的粮食时，他觉得心里十分过意不去。这时，许振超想自己要是能够做到"一钩清"就好了。想到就要做到，于是他利用别人吃饭、休息的时间，在车上拼命练习"把子"的操作，吊着钩头，对准码头上的"和尚头"（系缆桩）练停钩、稳钩，他还用装满水的水桶来练习桥吊，直练到钩头行进过程中一滴水不撒。半年的苦练终结果实，过去装一个60吨车皮的粮食要撒漏10吨，而许振超的"一钩"下来，撒漏的粮食顶多只有一铁锹。

经交通部核实，并与世界权威机构沟通后确认：2003年9月30日，许振超桥吊队在接卸"地中海阿莱西亚"轮作业中，创造的每小时381自然箱的集装箱装卸效率，刷新了世界集装箱装卸的记录。青岛港（集团）有限责任公司以许振超的名字，命名这一世界效率为"振超效率"。

"悟性在脚下，路由自己找。"这是许振超的心得体会。他说："在别人眼里，学习是一件苦事。但对我来说，学习带给我无穷的乐趣。每当我攻克一个难题，我就有一种成就感和满足感。"许振超坚持自学30年，他读过的各类书籍有2000多册，研读高校教材50多本，写下了近80万字的读书笔记。记者采访时问他如何练就了一手绝活，他说："多去想，多去学，熟能生巧，巧能生精。"简简单单的十四个字承载着多少艰辛，恐怕只有许振超才自己知道。技术部主管刘俊泉是许振超的下属，他1986年大专毕业后就和许振超共事。他说："论文凭，我比老许高，但他做了我的领导，我服气，因为他的技术水平高于我。我年轻时一有空闲时间就打扑克、下象棋，他则把所有的时间都用来学习。他比我大11岁，学习起来吃力得多，但他坚持学习，超过了我。现在我渐渐感到不学习没有出路，所以我也开始利用业余时间努力学习了。"

从一个初中没毕业的码头工人到国内外业界公认的"桥吊专家"，许振超用自己的实际行动说明了这样一个道理：只要咬定目标，勤学苦练，持之以恒，每一个人都能成为自己工作领域的专家，都能成为企业里宝贵的好员工。

第一章 找准方向再启程

"艰难困苦，玉汝于成"，世界上没有免费的午餐，成为某一方面的专家需要付出加倍的努力，甚至要承受巨大的痛苦。同时，成功往往就是在你承受了常人所不能承受的痛苦之后，才会在某个路口出现，帮你实现最初的梦想。

自助天助——"众里寻他千百度。蓦然回首，那人却在，灯火阑珊处。"

张骥，Micron（美光）公司驻北京办事处的一名普通员工。因为市场拓展等各方面的原因，该公司准备撤销在中国的这家办事处。可是，1999年11月，在即将撤销的前夕，公司突然召他去总部开会。

为什么公司会召他去开会呢？一是他的上司听说办事处要撤销，已经另攀高枝去了；二是这个年轻的北京小伙子，曾给前来中国巡视的公司老总留下过深刻的印象。开什么会？为什么叫我去开会？想来想去，也没有答案，张骥带着疑惑和不安，提着笔记本电脑就上了飞机。张骥在飞机上仔细研究了Micron近两年的年度报告，十多个小时之后，当飞机抵达目的地时，他已经做出了一份Micron公司在中国未来几年的发展计划。

会前五分钟，张骥才得知他将要面对公司总裁和所有海外分公司总经理发言。幸好他早有准备，所以成竹在胸。凭着在飞机上做出的计划书，张骥侃侃而谈，细致地分析了公司在中国市场经营不力的原因，并有理有据地描述了未来的发展趋势。短短五分钟的时间，张骥改变了一个年收入60亿美元的大公司的高层决策，公司不但决定不撤销这个办事处，反而准备加大对中国分公司的投入。这五分钟的时间，也使张骥赢得了公司的信任，在他刚刚过完29岁生日的时候，被美国第七大计算机厂商Micron委任为该公司北京代表处首席代表——中国区总经理。即使是在号称是年轻人天下的计算机行业，张骥的胜出也算是个奇迹了。

张骥的成功仅仅是因为一个报告吗？显然不是。"自助者天助"，一篇报告，五分钟的发言，这只是表面的现象。在这背后是张骥积极的工作态度，是无数辛勤的努力，是多少年来持之以恒的积累。只要你平时能坚持比别人多做一点，你就会获得多一点的结果，你脱颖而出的机会也就比别人多了一点，成功女神就在那蓦然回首的阑珊之处。

四、不达目的不罢休

这是一个精英生存的时代。所谓精英，就是他们具有优良的职业素养、丰富的行业经验、熟练的实战操作能力、稳定的人际关系、敏锐的职业嗅觉和强大的创新能力。他们把本行业、本职业、本专业的所有知识和工作融会贯通，他们集学者、工程师、专家、管理者、导师等多种身份于一身，无论职场风云如何变换，他们都是行业中人见人爱的常青树。他们总是以专业权威的角色站在职业的高峰，用一句流行的话说："他们真是太强了！"

在羡慕这些精英的同时，你可能会问："我怎样才能达到职业精英的境界呢？"没有任何捷径可走，只有一条路：专注！

什么是专注？所谓专注，就是专心致志，全神贯注，不受任何内心欲望和外界诱惑的干扰，对既定的方向不离不弃，执著如一，持之以恒，不懈努力；所谓专注就是聚焦自己内外所有的精力、智力、人力、物力和财力，投入到一个既定的目标上，倾注自己所有的时间，钻研一个专业领域的问题，最终取得突破；所谓专注就是"把一件事做到最好"的进取精神，就是"不达目的不罢休"的顽强意志。

如果说专业是针，专注则是"铁杵磨成针"的坚持；如果说专业是剑，专注则是"十年磨一剑"的恒心。明确了自己的

第一章 找准方向再启程

专业方向和目标,仅仅是走完了万里长征的第一步,没有专注的努力,专业就会成为无本之木,无源之水;没有专注的支撑,专业只能是镜中花,水中月。没有专注的努力,专业毫无意义。

好员工应该是个既专业又专注的人。

1. 把糖果留到最后

专注的头号敌人就是诱惑!

专注是一种境界,更是一种人生的修养。专注的人"出淤泥而不染",面对富贵甘守清贫,面对喧嚣独守宁静,不被物欲困扰,不被凡事羁绊,不为世俗而急功近利。他们在纸醉金迷的世界里,能够始终保持自己非凡的人生定力。他们的眼中只有一个目标,那就是成为自己行业领域的专家。

【案例】 天降大任于丁俊晖

北京时间 2005 年 12 月 19 日,在斯诺克台球英国锦标赛决赛中,年仅 18 岁的中国小将丁俊晖以 10 比 6 的战绩击败了常青树史蒂夫·戴维斯,继中国公开赛首次夺魁之后,摘取了这项仅次于世界锦标赛的大赛桂冠,并成为英锦赛历史上第一位夺得冠军的非英国和爱尔兰选手,被誉为"中国台球第一人"。在谈到丁俊晖的成长经历时,他的父亲丁文钧说:"小时候小晖也很爱打电子游戏,经常偷着打,但开始打台球后,他主动把电子游戏戒了。"训练是枯燥的,一天至少要练 8 个小时的台球,一年只有一个星期左右的休息时间,这对于一个未成年的小男孩来说,确实是很残酷的。

正如孟子所说:"天将降大任于斯人也,必先苦其心志,劳其筋骨,饿其体肤,空乏其身,行拂乱其所为,所以动心忍性,曾益其所不能。"也就是说,上天将要降落重大责任在某个人身上,一定要首先使他的内心痛苦,使他的筋骨劳累,使他忍受饥饿，以致肌肤消瘦，使他饱受贫困之苦，使他做的事颠倒错乱，总不如意，通过这些来使他的内心警觉，使他的性格坚韧，增加他不具备的才能。所以，凡事要坚持忍耐，拒绝外界的诱惑才会有好的结果。

丁俊晖成长的道路可以说是对孟子的这段论述做出了生动的诠释。"天才"的成长，是因为拒绝形形色色的诱惑，保持专一的心性，专一铸就专长，专长成就"专家"。

美国哈佛大学心理学教授，世界著名的情商研究专家丹尼尔·戈尔曼博士，在《情感智商》一书中，生动地描述了一个拒绝诱惑对于成功具有重大意义的案例。

在幼儿园里有一群四岁左右的孩子，他们围着一张桌子坐好，老师在他们每人面前放了一颗糖果，然后告诉他们："我现在要出去一下，如果谁能坚持住不吃自己前面的糖果，等我回来的时候就再发给他一块糖。要是哪个小朋友在我回来之前就把糖果吃掉了，那就不能再发给他糖果了。"说完老师就走了。一些比较冲动的孩子，几乎在老师转身的瞬间，就立即抓起糖果塞到嘴里。有几个孩子等了几分钟便熬不住了，也把糖果吃了。剩下的几个孩子决心等老师回来，他们有的闭上双眼，有的将头埋在胳膊里休息，有的把头对着窗户，有的哼哼叽叽地唱歌，有的动手做游戏，有的干脆睡觉。最终他们熬过了那似乎没完没了的20分钟，比别人多得到了一块糖果。这是冲动与克制的较量，是长远利益与当前诱惑的对峙。

实验还在继续。大约12至14年之后，当这些孩子进入青春期时，跟踪研究人员发现了他们之间日渐明显的差异：那些在四岁时能够抵制诱惑的孩子，高中毕业时的学习成绩远好于那些容易冲动行事、没有经得住糖果诱惑的孩子。那些能够抵御诱惑的孩子，十几年后在追求目标的过程中，表现出了非凡的

第一章 找准方向再启程

意志力。他们工作效率高，自信心强，面对挫折勇往直前。而那些经不住诱惑提前吃了糖果的孩子，则优柔寡断、脾气急躁，遇到压力即退缩不前。很明显，面对诱惑表现不同的孩子们走向了不同的人生道路。

抵御诱惑，首先是要锻炼意志，增强自我约束力。作为具有社会属性的人，必须清醒地知道自己能做什么，不能做什么；该做什么，不该做什么。成功的人士之所以成功，就是因为他们能够坚定地做自己不想做但应该做的事，也能够坚定地不去做想做但不应该做的事。

2004年，刘翔在雅典奥运会上夺得男子110米栏冠军后，参加了一些社会活动，在一定程度上影响了训练。经过教练的教育，他意识到了自己肩上的重任，重新认清了自己的目标，并迅速排除外界干扰，投入到了紧张的训练之中。正是因为他的坚持和努力，才有了之后的多次国内外大赛的优良成绩。北京时间2006年7月12日凌晨，在瑞士洛桑举行的田径超级大奖赛男子110米栏的比赛中，刘翔以12秒88的成绩打破了沉睡13年之久、由英国名将科林·杰克逊创造的12秒91的世界纪录！中国飞人刘翔继勇夺雅典奥运会冠军之后再度令全世界惊讶。

中国田径队总教练冯树勇，在新闻通气会上向记者透露："奥运会后，面对这么多的影响和诱惑，刘翔的表现令我们很满意。"

日常生活和工作中，各种诱惑比比皆是。比如，这个星期六，你本来打算静下心来看刚刚买的一本好书，给自己充充电。可是一大早，你的朋友打电话邀请你去钓鱼，你经不住朋友的劝说，就一同前往。是啊，到郊外钓钓鱼，也是一种释放压力的好方法——你这样给自己开脱，心里想着那本书就明天再看吧。第二天，你刚刚翻开书，你的另一位朋友打电话，邀你过去打麻将。你说自己正在看书，确实过不去。朋友很生气地说："是你看书重要，还是朋友重要？我们这里三缺一，让你帮个忙都不行吗？"是啊，朋友是不能得罪的，你就过去了，结果从上午打到半夜，看书的事自然又落空了。又一个星期六，你想看一会儿电视再看那本书，可是，电视剧中主人公的命运让你欲罢不能，那本书只好继续在桌子上当摆设了，毕竟还是看电视舒坦，也不能把自己逼得太紧……就这样，你日复一日地成了诱惑的奴隶，学习知识、提高能力的计划一再落空。

在五光十色的诱惑面前，人们常常忘记了自己最应该完成的任务，忘记了自己曾经信誓旦旦要达到的职业目标，最后被诱惑拖进灯红酒绿的陷阱，流连其中而不能自拔。《西游记》里的唐僧，虽然没有斩妖除魔的本领，可是他却有一种所有人都比不了的本事，那就是永远不会被任何诱惑所俘虏，永远都清楚而坚定地知道自己西天取经的远大目标。有人说没有孙悟空的保护唐僧取不来真经，可是，要是没有唐僧的执著和坚持，就算孙悟空的本领再大，这个真经也是取不来的。说不定，他们师徒四人会成为高老庄的女婿，过着三妻四妾、花天酒地的日子了。

古希腊传说中，有一个海峡女巫，她用自己的歌声诱惑经过海峡的船只，使它们触礁沉没。在这种情况下，智勇双全的奥德赛船长勇敢地接受了横渡海峡的任务。为了抵御女巫歌声的诱惑，他想出了一个办法：让船员把自己紧紧地绑在桅杆上，这样，即使他听到歌声也没有办法指挥水手；他还让所有的船员把耳朵堵上，使他们听不到女巫的歌声。最后，船只安全地渡过了海峡。抵御诱惑才能到达成功的彼岸！你有奥德赛船长拒绝诱惑的决心和智慧吗？

2. 坐住冷板凳

专注的人有一种永恒的定力，在各种时尚潮流面前他们不会左右摇摆，更不会发出"外面的世界很精彩，这里的世界很无奈"的感慨。因为他们不会朝秦暮楚地跟着感觉走，在外人看来，他们可能是"众人皆醉我独醒"的异类，是"做我自己"的偏执狂，而这种远离浮躁的标新立异却是他们成就一番事业的密码。

美国19世纪哲学家、诗人爱默生说："一心向着自己目标前进的人，整个世界都给他让路！"他所说的"一心"就是驱除浮躁，紧盯目标，聚精会神，心无旁骛。

什么是浮躁？浮躁就是心浮气躁。当你心不在焉的时候，当你坐卧不宁的时候，当你没有耐心做完一件事的时候，当你计较自己得失的时候，当你急功近利的时候，当你盲目地与人攀比的时候，浮躁犹如幽灵一样，悄悄地、温柔地向你走来。它会腐蚀你宁静的心灵，让你患得患失，焦虑不安；它挑逗你坚强的意志，让你不求甚解，浅尝辄止；它贿赂你纯洁的灵魂，让你耐不住枯燥和乏味，宁愿放弃原来的理想和努力。

浮躁的人有四大典型表现：

第一，浮躁的人喜欢定目标，但总是完不成目标。他们整天信誓旦旦，总是有很多想法和决定，但却总是不能把想法变成现实，不能持之以恒，更谈不上在自己的专业领域厚积薄发，常常失去很多人生难得的机遇。

第二，浮躁的人喜欢与别人攀比，但总是比不过别人。他们总是活在别人的阴影里，看到别人买了件衣服他也去买，看到别人染了头发他也去染，看到别人学日语他也去学，看到别人考证书他也去考。他不知道自己的目标到底是什么，总是显得心神不定，总是很忙的样子，却不知道自己到底在忙什么。

在与别人攀比的过程中，他迷失了自我，浪费了大好的时光。

第三，浮躁的人急功近利，但总是得不到最大的利益。他们总是期待着上天的关照，幻想着能一夜成名，一天之内财源滚滚而来。他们不懂得"冰冻三尺，非一日之寒"的道理，更没有"三更灯火五更鸡"的刻苦努力。

第四，浮躁的人总想做大事，但他连小事都做不好。他们总是高谈阔论，指点江山，可是连一个周密细致的市场调研都搞不好，连一个客户投诉都处理不了，甚至连按时上班都做不到。他们是职场的唐·吉诃德，满怀美好的愿望，但是却在实际的工作中毫无行动，所以，他们的下场也可想而知。

【案例】 板凳要做十年冷

刘名1998年初刚进入华为公司的时候，公司正提倡"博士下乡，下到生产一线去实习、去锻炼"。实习结束后，领导安排他从事电磁元件的测试工作。堂堂的电力电子专业博士理应干一些大项目，不想公司却让自己坐了冷板凳，做这种不起眼的小儿科工作，刘名实在有些想不通。

想法归想法，工作还要进行。就在刘名接手电磁元件的测试工作之后不久，公司电源产品不稳定的现象出现了，结果造成许多系统瘫痪，给客户和公司造成了巨大损失，受此影响公司损失了巨额的订单。在这种危急的情况下，研发部领导把解决该电磁元件问题故障的重任，交给了刚进公司不到三个月的刘名。

在工程部领导和同事的帮助下，刘名经过多次反复与失败，逐渐明确了设计思路。又经过60天的日夜奋战，刘名硬是把电磁元件这块硬骨头啃下来了，使该电磁元件的市场故障率从18%降为零，而且每年为公司节约成本110万元。现在，公司所有的电源系统都采用这种电磁元件，两年过去了，再未出现过任何故障。

这之后,刘名又在基层实践中,主动、自觉地优化设计和改进了100A的主变压器,使每个变压器的成本由原来的750元降为350元,且消除了独家供应商,减小了产品的体积和重量,每年为公司节约成本250万元,并为公司的产品战略决策提供了依据。

小小的电磁元件对刘名的触动很大,他不无感慨地说:"看似不起眼的电磁元件,大家没有重视,结果我这样起初'气吞山河'似的'英雄'在它面前也屡屡受挫、饱受'煎熬',在坐了两月冷板凳之后,才将这件小事弄清楚。现在看起来,之所以会出现故障,不就是因为绕线太细、匝数太多了吗?把绕线加粗、匝数减少就行了。人们往往一开始就只想干大事、而看不起小事,结果是小事不愿干,大事也干不好,最后总是在这些小事面前束手无策、慌了手脚。"

从刘名的经历可以看出,要想做大事,必须先学会做小事,先要安心地在冷板凳上坐下来。只有这样,在将来的职业道路上才不会使自己成为"夹生饭"或"万金油"。姚雪垠先生说得好:"我们有许多研究学术的,搞创作的,吃亏在不能耐得寂寞,总是怕别人忘记了他。由于耐不得寂寞,就不能深入地做学问,不能勤学苦练。他不知道耐得寂寞,才能不寂寞。耐不得寂寞,偏偏寂寞。"这段话推而广之,适用于各行各业的人士。凡想做点事情的人,都应该先学会耐得寂寞,先学会做冷板凳,先学会做小事,然后才能做大事,才能取得更人的业绩和成效。

专心致志的好员工会瞄准自己的职业目标,集中精力,一心一意;会在自己的职业和专业领域卧薪尝胆,韬光养晦。只有如此,才能提升自己的核心竞争力,在自己的工作领域独树一帜，成为企业的好员工，创造出辉煌的业绩。

　　锤炼自己的专业素质，需要一个长期的历练过程。你不一定要拿博士学位，但一定要成为你所从事行业的"专家"，能在行业领域中具有一定的影响力更好，最低的限度是在自己所服务的企业中成为精通业务的行家。你比别人更精通，更专业，你就比别人拥有更多的成功机会，因为，你具有了职业生存的秘密武器：在企业和老板的心目中，你已经是一个不可替代的人。

【好员工修炼自我检测】

序号	检测项目	存在问题	改善计划
1	我的性格、兴趣和特长是什么？与我现在的工作基本吻合吗？		
2	我有自己的职业生涯规划吗？我的职业目标清晰吗？		
3	我怎么样实现自己的职业目标？有一个切实可行的实施计划吗？		
4	人生关键的三十年里，目前我处在哪个阶段？为了自己的职业目标，我是否采取了行动？		
5	我的基础知识是否足够广博？		
6	我是否对与专业相关的各类知识都有或多或少的了解？		
7	目前我的职业能力水平是否能够适应我的工作要求？		
8	我的专业是什么？我有"万金油"的现象吗？		
9	在公司里，我敢拍着胸脯说：我是这个专业的"专家"吗？		
10	在成为职业"专家"的道路上，我做过什么样的努力？		
11	我是否能够专注地做一件事情？我有专心致志做事的耐心和毅力吗？		

第二章

方法总比困难多

如果一个人是清洁工,那么他就应该像米开朗基罗绘画、贝多芬谱曲、莎士比亚写诗那样,以同样的心情来清扫街道。他的工作如此出色,以至于天空和大地的居民都会对他注目赞美:瞧,这儿有一位伟大的清洁工,他的活儿干得真是无与伦比!

——马丁·路德·金

第二章 方法总比困难多

大发明家爱迪生说:"天才就是1%的灵感加上99%的汗水"。由此,人们推导出了如"成功=90%的勤奋+10%的机遇"之类各种各样的成功公式。按说公式的本身并没有什么问题,但是,人们往往忽略了背后的一些限制条件,到头来仅仅是落了个"勤奋"的美名,什么业绩也没有创造出来。勤奋工作是以科学工作为前提的,所谓科学工作就是工作讲方法,有套路,并不是低着头一味蛮干,做无用功。有不少人看起来整天忙忙碌碌,甚至汗流浃背,一副工作很忙、很努力的样子,但是实际上却并没有什么成果。好员工会把每一分力气、每一分时间都用在它该用的地方,让每一分努力都卓有成效。所以,方法得当就会做到事半功倍,方法不当就会事倍功半。

好员工应该是将勤奋工作与科学工作紧密结合并做出出色业绩的人,在具体工作中,好员工总能找到好方法,而不是美丽的借口。

一、有方法就没问题

人们每天的工作其实都是在不断地解决问题。面对问题,你既不能畏首畏尾,也不能鲁莽冒进,而应该直面问题,冷静地寻找解决方法。掌握恰当的方法,难题自然迎刃而解。

职场上有一句常用的客套话,就是"祝你工作顺利!"其实,这只是大家美好的祝愿和愿望而已。大多数情况下,在你的工作过程中总是会出现这样那样的问题和困难,使你无法按计划完成预期的任务和目标。然而,问题是客观存在的,无论你是否情愿,大大小小的各类问题总是围绕在你周围,有时甚至把你弄得焦头烂额，无暇喘息。这就是现实的世界，因为问题和矛盾是物质世界的客观规律，是不以人的意志为转移的，人类正是在不断解决问题的过程中，才提高了自己生存繁衍的本领，创造了现在的物质文明和精神文明。

1. 把问题当作舞台

不少企业在招聘员工时，会有一个条件，就是"具有发现问题和解决问题的能力"。所以，只有具备发现和解决问题的能力，才能取得理想的绩效，职业发展也才能有更大的空间，才能成为一个名副其实的好员工。

➡ **透过问题找机遇**

解决问题之前，首先应该先来探讨一下究竟什么是问题？问题就是"现状"与"应有状态"的差距。

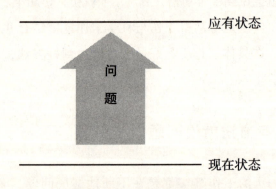

图2-1 什么是问题

有的人害怕出问题，结果越是害怕出问题，越是有问题；有的人不敢面对问题，出了问题讳疾忌医，遮遮掩掩，总想掩盖问题，结果小问题变成了大问题；有的人抱着侥幸的心理，见了问题绕着走，惹不起躲得起，但是，最终问题还是找上门来了，老板对他说："我们这里不养活没有解决问题能力的人！"于是他下岗失业了。

老板雇佣员工就是为了让员工来解决问题,世界上没有"睡觉睡到自然醒,数工资数到手抽筋"的活儿。所以,好员工首先应该树立正确的问题意识。

第一,有问题是正常的,没有问题是不正常的。一个销售主管在月度绩效考核时对他的下属说:"请你检查一下,看看自己还有哪些问题。"下属说:"我的工作在按部就班地进行,每个月的目标都完成了,我没有什么问题呀?"主管说:"你怎么能说自己没有问题呢?你和自己曾经创造的最好的销售业绩比一比,你和咱们部门的销售状元比一比,你还能说自己没有问题吗?"下属点点头。主动地发现问题,寻找问题,解决问题,才能不断地进步,才能打开新的工作局面,才能将绩效提高到更高的境界。

第二,问题的背后是机遇。不要害怕问题,机会和机遇总是悄悄地躲在问题和困难的背后,当你努力克服困难,解决了问题之后,成功的机遇也正在向你招手。有的人见了问题不是拖延,就是躲避,结果他们一次次地丧失了取得成功的机会。所以,当问题和困难来临时,你不应该垂头丧气地说:"唉,又是一个烦人的问题!"你应该兴高采烈地说:"太好了,又一个问题来了,我证明自己能力的机会来了!我出人头地的机遇到了!"

【案例】 发霉的月饼

一家以生产月饼为主的食品企业,八月十五前夕,企业门庭若市,熙熙攘攘,很是热闹,老板看着争先恐后前来提货的人流和车流,更是心花怒放。可是,天有不测风云,一天,一位顾客拿着一盒发霉的月饼来到厂里,说要投诉这家企业,并且说已经给电视台、消费者协会、技术监督局打了电话。没有多久,电视台、报社、消费者协会、技术监督局的人纷纷赶来，调查事件真相，并要求他们停止生产，召回全部产品。

老板顿时感到五雷轰顶，正在这时，质量部经理老王却推说自己有病住院去了。紧急关头，老板责令工作不到两年的质量部主管王强全权处理此事，王强虽然感到棘手和胆怯，可是老板已经把任务交给了自己，也只好硬着头皮承担下来了。接下来，王强协助老板采取了几项行之有效的危机处理措施：

首先，确认该产品是自己生产的产品；其次，明确表示向顾客赔礼道歉，并愿意进行补偿；第三，与新闻部门、技术监督局、消费者协会等部门的人员，共同调查事件真相，经查，发霉的月饼是因为当班员工技术操作失误造成的，而不是月饼馅本身引起的问题，为了慎重起见他们召回了当班生产的全部产品；第四，王强说服了新闻记者进行正面的宣传报道，第二天，以"一个产品瑕疵，召回当班全部产品——XX品牌月饼信得过！"为主题的新闻报道相继推出，技术监督部门也同时在报纸上再次公布"XX品牌月饼——质量信得过产品"的公告。一系列措施的跟进，使月饼的产销量不降反升，企业避免了灭顶之灾，老板的脸上又展现了灿烂的笑容。

年轻的王强受命于危难之时，勇挑重担，在处理这件事情过程中所表现出来的机敏、果断、干练的能力和素质，令老板刮目相看。不久，称病住院的质量部长老王退了下来，王强接任了部长。

现在，已经是公司副总经理的王强提起那件惊心动魄的事情时，幽默地说："要不是月饼发霉，我的职业生涯可能还在发霉呢！"

第三，解决不了问题是能力问题，重复出现的问题是作风问题。解决问题的能力，随着经验、阅历和不断的学习会逐步提高。但是不少人总是重复出现类似的错误和问题，用俗话说就是"没有记性"，有的人丢三落四，马虎粗心，不注意工作中的细节，屡屡给自己带来麻烦，给公司造成损失；有的人横冲直撞，做事不讲方法，结果出力不讨好。所有这些，如果不加注意，时间一长，就会让上司和同事形成一种不良的刻板印象，比如"这个人太粗心""这个人太散漫""这个人太冒失"等，不少人因此而影响了自己的职业进步。好员工在工作中不是不出现问题，不犯错误，而是他们总是有好记性，能够从问题和错误中吸取经验教训，避免类似问题的再次发生。

因此，好员工应该树立正确的问题意识，主动发现问题，敢于面对问题，善于解决问题，只有这样，才能不断地打开问题给你带来的机遇的天窗，开创自己职业生涯的美好未来。

▶ 解决问题的六步法

有的人简单认为问题就是事故，问题就是工作中遇到的障碍和难题，或者问题就是难题或困难，应该说这些都是问题的表现，是问题的主要内容，比如没有完成绩效目标、费用超出预算标准、产品质量事故等，这些已经发生或出现的问题，需要去解决和处理。但是，大多数情况下，许多员工意识不到问题的存在，缺乏主动发现问题的意识和能力。对工作心不在焉，对问题视而不见，抱着"差不多""没问题""没关系"等心理，没有精益求精、更上一层楼的进取精神，结果业绩每况愈下，问题层出不穷，成了东奔西走的"消防队员"。

好员工一定不是"消防员"式的人物，他们平时经常给自己找问题、找麻烦、揭短处，他们会经常地自我反省：我的现状是不是理想的状态？我的绩效与榜样的绩效还存在哪些差距？我的潜力是否得到了最大限度的发挥？我的工作中有没有潜在的毛病和缺陷？不断地自找问题，防患于未然，才能防止出现重大问题，才能从根本上避免使小问题变成大问题。

一般情况下，发现和解决问题的方法有如下六个步骤：

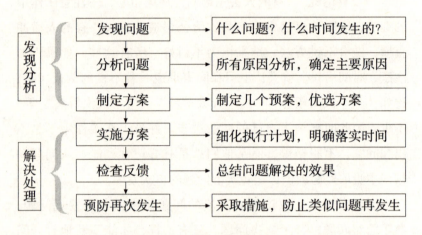

图 2-2　解决问题的步骤

在解决问题的过程中，弄清问题的真正原因和主要原因是关键。很多情况下，解决问题不力，往往是因为没有真正清楚地认识问题，还可能是因为把问题分析的焦点聚集到错误的或者并非重要的问题上去。所以说，正确地界定问题通常是成功解决问题的前提，否则可能导向错误的方向，不仅无法解决问题，还可能产生新的问题。所以，在解决问题之前，你可以通过思考下面的几个问题来帮助自己理清思路（以案例"发霉的月饼"为例）：

——发生了什么问题？（一位顾客的月饼出现了不应该出现的霉变）

——这个问题是如何发生的？什么时候发生的？已经造成了什么影响？（刚刚发生的，如不及时处理，可能会造成新闻曝光、产品召回、企业停产等严重后果）

第二章 方法总比困难多

——为什么会发生这样的问题？（从人员、机器、原材料、操作方法、食品卫生环境等方面入手分析，得出是由于操作工操作不当造成的）

——这些问题还可以分成哪些更小的问题？将问题切割成更小的问题，是为了更加清晰地呈现问题的全貌和真实的面目。这就是通常所说的"剥洋葱法"，把大问题一层一地剥开来，分成一个个的小问题，最后问题的实质就自然会显现出来。（出现月饼发霉的问题后，王强从人、机、料、法、环等诸多细节，借助鱼刺图的分析方法逐个排查，最后找出了月饼发霉真正的主要原因）

把问题弄清楚需要一定的时间，在分析问题的过程中，有可能因为发现了新的资料而又有了新的想法，因此问题的定义是一个持续的过程，经过不断调整、重新解释，一次比一次更为完整、更为清楚。

【案例】 关上你的窗帘

美国华盛顿广场有名的杰弗逊纪念大厦，天长日久，墙面出现裂纹。为了保护好这幢大厦，有关专家进行了专门研讨。

通过对墙体表面腐蚀痕迹的分析，专家们发现侵蚀墙体最直接的原因，是每天冲洗墙壁的清洁剂对建筑物有酸蚀作用。接下来专家们逐一分析了原因：为什么每天要冲洗墙壁→因为墙壁上每天都有大量的鸟粪→为什么会有那么多鸟粪→因为大厦周围聚集了很多燕子→为什么会有那么多燕子→因为墙上有很多燕子爱吃的蜘蛛→为什么会有那么多蜘蛛→因为大厦四周有蜘蛛喜欢吃的飞虫→为什么有这么多飞虫→因为飞虫在这里繁殖特别快→为什么飞虫在这里繁殖特别快→因为这里的尘埃最适宜飞虫繁殖→为什么这里最适宜飞虫繁殖→因为大厦开着的窗户使这里阳光充足。

结论是关上大厦的窗帘就可以了。

这个答案是许多专家始料未及的,不仅此前专家们设计的复杂而严密的维护方案成了废纸,而且只要轻轻地拉上窗帘就解决了几百万美元的维修费用。在遇到重重问题迷雾的时候,你也能发现并关上自己的窗帘吗?

在选择解决问题的方案时,美国科学家本杰明·富兰克林(Benjamin Franklin)曾提出了一个不错的方法,这就是成本效益分析法。把每项方案的优缺点列出来,优点的部分给予0到+10的评等,缺点的部分给予0到-10的评等,最后将所有优缺点的分数相加,这样就可以得出每个方案的总分,决定哪一个是最佳的方案,这就是著名的"本杰明·富兰克林决策法"。参考这一方法,可以对最后选出的决策方案再进行最后一次的考量与评估,决定性的评估可以从以下八个方面进行:

表2-1 评估最佳方案的参考标准

	是不是?	有没有?
成本	最小?	有没有更好的办法?
质量	最好?	有没有更好的办法?
效率	最高?	有没有更好的办法?
效果	最大?	有没有更好的办法?
风险	最低?	有没有更好的办法?
短期	能否取得成效?	有没有更好的办法?
长期	对长期利益是正面还是负面影响?	有没有更好的办法?
关联	对其他人、事、物是否有负面连锁反应?	有没有更好的办法?

➧ 做一个卖豆子的人

有的人遇到了问题，不善于动脑筋想办法，总是一筹莫展地说："我已经尽力了，真是一点办法也没有啊！""遇到这样的事，我能有什么办法？你就是把我开除了，我也没有办法！"这种面对问题束手无策的人，其实并不是没有能力，而是他们面对问题的态度消极。其实，任何问题都有解决的办法，关键是要以积极的心态去迎接问题和困难的挑战，天无绝人之路，"世上无难事，只怕有心人"，只要你迎难而上，没有越不过去的山，没有蹚不过去的河。

有一个一生以卖豆子为业的人，不仅给三个儿子都盖起了两层小楼，而且手中还有不少的积蓄。有人问他："你就不担心豆子卖不出去吗？"

他说："没有卖不动的豆子。如果豆子不好卖，我就将豆子做成豆瓣卖，如果豆瓣也卖不动了，就把豆瓣腌了卖豆豉，如果豆豉也卖不动了，就加水发酵卖酱油。再说了，卖豆子远不止这些方法呢！"

"能说说吗？"好奇的人更是好奇了。

卖豆子的人接着说："如果豆子卖不动，我还可以将豆子做成豆浆，如果豆浆也卖不完，就把豆浆做成豆腐，如果豆腐卖不动，就把豆腐加工成豆腐干，或者改卖臭豆腐，或者让卖不掉的豆腐进一步发酵，改卖豆腐乳。再说了，我还可以让豆子发芽卖豆芽；如果豆芽还卖不出去，就让它多长几天改卖豆苗；如果豆苗还卖不动，就干脆把它栽到盆子里，到城市里卖名为'逗你玩'的盆景；如果还剩下一些盆景卖不动，那就把豆苗栽到我的地里去，三个月后我又会收获更多的豆子，再拿去卖。"

好员工就是这样一个卖豆子的人。

问题会有的，解决问题的办法也会有的。只要你勇敢地面对问题，积极地解决问题，做一个卖豆子的人，你就会享受到

"山重水复疑无路，柳暗花明又一村"的成长和快乐，你的职业生涯也就会越走越宽广。

2. 打穿做透干到底

有一次，我在一家企业做培训需求调查，在与一位销售经理座谈时，他的电话数次响起，从通话内容我知道都是来自销售一线的电话，而每一个电话中间或结束，这位经理总是说："打穿做透了吗？""注意打穿做透啊！""一定要打穿做透！"说这话的同时经理还不自觉地打着不同的手势。

调查结束后，我有些好奇，就问这位经理："您说的打穿做透具体是什么意思？"

经理说："时间长了，成了我的口头语了。搞营销的来不得半点不实在，每一个环节、每一个细节、每一个步骤必须严丝合缝，不能有半点含糊。打穿做透要求每一项工作必须横到边、纵到底，要做全不遗漏、做透不马虎。就拿促销来说，整个促销活动有150多个环节，在具体的操作过程中，随时都可能出现各种各样意想不到的困难和问题，如果大家都把矛盾和问题上交，不动脑子，不负责任，一个细节出了问题，企业投入的人力、物力、财力和精力都可能血本无归，甚至还会起到反作用，要想及时解决问题不打穿做透怎么行！"

好一个打穿做透！

➡ "多1盎司"定律

美国著名投资专家约翰·坦普尔顿，在深入细致的研究过程中，发现了一个十分重要的自然界和人类社会发展的规律，这就是"多1盎司定律"。他指出，优秀的人和平庸的人之间，其实差别很小，他们付出的劳动和努力几乎一样，只是优秀的人比平庸的人多付出了"1盎司"而已，但是，他们的结果却大相径庭。

盎司是英美制重量单位，1盎司相当于1/16磅，折合成国际通用的重量单位是28.35克。就是这微小的几乎可以忽略不计的1盎司，却决定着一个人的工作品质和职业前途。有的人只是满足于领导让干啥干啥，干完了交差了事，对待工作就是应付差事，不求有功但求无过。如果能够稍微地再努力一点，再精细一点，再创新一点，再做到位一点，比老板或上司的要求再高一点，比别人再强一点，比岗位标准再好一点，并且能够坚持这样做下去，你一定会成为一名出类拔萃的好员工，你的薪水和待遇也将会有很大的提高。想平庸很简单，想优秀也很简单，关键看你怎么做。好员工在工作中总是坚持"多1盎司"定律，所以，他们总能脱颖而出，总是受到公司和上司的好评与重用。

比如，上司让你以发送邮件的形式，邀请客户参加公司举行的新产品发布会，这看似简单的工作，如果事先不把可能出现的问题想清楚，多做一点未雨绸缪的准备工作，执行中一旦做不细致，就可能导致发布会的失败。你应该采取这样的程序去做：核对好邮件地址，发出邮件，保存好邮件，做好发送记录，检查有无退回（如退回再核对地址重新发送，发送后再检查退回状况），逐一打电话核对是否收到（如没有收到重新发送），询问收到的是否是自己所要发送的邮件，询问邮件是否清楚（有无乱码），核对主要内容（如：时间、地点、主要人物、准备工作等），只有按照这样的程序和方法做了，你才能确保自己的工作质量万无一失。

【案例】 蕨菜滞销的原因

一家国际贸易公司高薪招聘业务人员，有一个名校毕业的年轻人，具有三四年的外贸经验，踌躇满志地前去应聘。

主考官问他："你在外贸公司主要做什么工作？"他回答

"主要做山野菜的收购与出口。""哦,很好,在山野菜中,蕨菜的出口对象主要是日本,原来销路很好,可是近来日本客商却拒绝订货了,你知道原因吗?"年轻人回答"可能是因为蕨菜的质量不好吧。"主考官接着问"请问蕨菜的质量为什么不好?以前不是很好吗?""嗯,这个……"年轻人不知如何作答。

主考官看了他一眼说:"我敢肯定,你尽管做了三年的外贸,可你连产地都没有去过。"年轻人心虚地看着主考官反问:"你怎么知道我没有去过产地呢?"主考官说:"如果你去过,就应该知道为什么蕨菜的品质不好。蕨菜是一种很特别的野菜,它的最佳采摘时间只有十天左右,在这个时间段采集的蕨菜鲜嫩可口,采摘早了没味道,晚了吃不动。蕨菜采集后要自然晾晒三天,等水分蒸发完后打捆装箱,顾客买到后在凉水里浸泡一下就可以食用了。但是,当地农民急功近利,为了多采多卖,他们不是采取自然晾晒,而是放在热炕上烘干,这样加工的蕨菜表面上看不出什么,可是顾客食用时,不管放在水里怎么泡都泡不开,像老树根一样,又老又硬,根本咬不动。最后只能是停止出口。"年轻人听了主考官的话,羞愧地低下头说:"对不起,我确实没有去过产地,所以不知道你说的这些事。"

这个满怀希望的年轻人垂头丧气地离开了面试现场。就像生产蕨菜的农民一样,做工作投机取巧,做不深,做不透,最终受害的还是自己。

➡ 充分发挥想象力

有一家装饰工程公司承揽了一栋办公大楼的内部装修业务。业主因为要赶着搬迁,所以留给他们装修的时间非常有限,不过在员工们的积极努力之下,装修工程还是保质保量地按时完成了。

工程结束后,公司经理在审核费用报销的凭证时,发现了一张购买两只实验鼠的账单。他感到很纳闷,于是叫来那位经手的员工问个究竟。"在你们的费用账单里,有一张购买老鼠的发票,我想知道老鼠的用处。"经理问道。这位员工听了,极其兴奋地向经理解释了来龙去脉。

原来,那栋大楼需要安装一根新电线,这根电线要穿过一根长12米,但直径不到3厘米的管道,而且管道都是砌在墙壁里,而且管道还有四个转弯。面对这个难题,大家都一筹莫展,部分工程一度停顿了下来。正在大家左思右想也没有好办法的时候,这位员工灵机一动,想出了一个好主意。

他费尽周折买到了一公一母两只试验用的小白鼠,把电线的一端绑在一只公鼠身上,并把它放到管子的一端,把另一只母鼠放到管子的另一端,想办法让母鼠发出声音来吸引公鼠。后来公鼠真的沿着管子循着声音向母鼠方向跑去,就这样利用小白鼠牵引的连线,他们顺利地完成了一个看似不可能完成的穿线任务。

经理听后连声说好,特别对这位员工不怕困难积极想办法的工作精神大家赞赏。

仔细想来,工作的过程就是一个不断遇到问题并解决问题的过程。而一个好员工与他人的差别正是在于对待问题的态度不同。有的人遇到问题躲着走,不敢面对;有的人遇到问题也曾试图解决,可是缺乏解决问题的耐心、毅力、智慧和坚持,解决不了问题时,不是把问题上交给上司,就是一脸无奈地说:"反正我已经尽力了,领导看着办吧!"而好员工则是抱着不解决问题誓不罢休的精神,咬定青山不放松,开动脑筋,充分地发挥丰富的想象力和创造力,最终找到解决问题的方法和途径,员工的绩效差别也正由此而来。

▶ 方法不负有心人

你的身边也许有很多这样的人：他们对工作有一种追求完美的使命感，在别人都放弃时他们仍然在孜孜不倦、殚精竭虑；他们总想得到更多、更好的东西，比如当遭到顾客拒绝的时候，他们会追问："您到底需要什么？"当顾客确定不买的时候，他们会继续追问："您为什么不买？您觉得我哪里做得不够好？"再比如，当遇到问题的时候，他们总是不停地问自己："出现了什么问题？""为什么会出现问题？""怎样才能解决问题？"在不断的追问、反省与思考的过程中，他们总能找到解决问题和把工作做得更好的方法。

一天，美国通用汽车公司接到一个客户投诉，客户说：自己以前使用的是福特公司生产的汽车，最近购买了通用的一款新车。可是，自从开上通用的车之后，他们家出现了一个奇怪的问题，就是每当家人买巧克力冰激凌时，汽车在店门口就无法发动。而如果买草莓、香草或者苹果口味的冰激凌，就不会出现汽车无法发动的现象。这个离奇的问题一直困扰着一家人的生活，于是他们向通用汽车反映，希望他们能够帮助解决这个"汽车对巧克力冰激凌过敏"的问题。

接到客户的投诉之后，通用汽车公司也感到莫名其妙，甚至有些离奇。他们派出了专门的工程师到客户家里进行了走访。工程师仔细检查了整个车子，并对可能出现问题的零件进行了逐一更换，但是问题仍然照常出现。

这位工程师在纳闷的同时，下定决心，非要把问题弄得个水落石出不可。于是他决定与客户一家一起去购买冰激凌，以便能看出个究竟。一天晚上吃完晚餐后，客户家要购买巧克力冰激凌，工程师随同一起前往冰激凌店，客户下车买了巧克力冰激凌回到车子里，这时，同行的工程师吃惊地发现，车子真的无法启动了。他们将车子沿着下坡路推了一段后，汽车才得以重新发动汽车。可是，现场的工程师还是没能找到汽车熄火的任何原因。

第二天，这家人吃的香草冰激凌，汽车顺利发动；第三天，这家人吃的是苹果冰激凌，汽车顺利发动；第四天，这家人吃巧克力冰激凌时，汽车又无法发动。就这样，一个多星期过去了，工程师详细记录了客户家购买冰激凌与汽车发动的真实过程。

根据记录的每次行车路线、天气、耗油量，甚至包括汽车几点出发、几点到达以及每次发动汽车的时刻等大量数据和情况，工程师回到公司进行了认真比对和研究，他隐隐约约地找出了一些规律性的东西。带着自己的分析结果，工程师又到冰激凌店进行了详细的实地考察。他发现，这家冰激凌店的各类冰激凌摆放位置是不一样的：巧克力冰激凌摆在店的最外面，不用等待客人就能迅速地购买到，而其他口味的冰激凌全摆放在店后面的仓库中，有顾客需要时才拿出来。所以，除购买巧克力冰激凌外，购买其他口味的冰激凌，顾客都需要等待十几分钟的时间。

问题的原因逐渐清晰了起来，工程师感觉到汽车的问题出现在发动的时间上。购买巧克力冰激凌时，从熄火到重新发动汽车，间隔时间一般不超过五分钟；而买香草冰激凌、苹果冰激凌时则至少需要十几分钟才能回到车内重新发动汽车。因此，真正的问题是：汽车不能在五分钟之内连续发动。

接下来，工程师一步步地找到了问题的真正根源，就是汽车的引擎散热机制存在漏洞。由于散热功能不好，五分钟之内重新发动汽车的话，其中的阀门会由于热量过高而封闭，最终导致无法发动。一旦时间超过十分钟，热量散发出去后，阀门才会自动打开，汽车便能顺利地发动了。

至此，一个神乎其神的问题，在工程师锲而不舍的努力之下终于得到了圆满解决，通用汽车公司也由此进一步改进了引擎散热系统，避免了类似问题和投诉。

想想看，当你遇到类似的问题时，你是不是具有足够的耐心、满腔的热忱去应对呢？方法是找出来的、想出来的，不是等出来的，有时它就像一个披着盖头的害羞的新娘，躲在你身后的某个地方，只有你付出极大的努力和表示出足够的诚意之后，她才会悄悄地掀起盖头来，让你一睹她那美艳绝伦的芳容。

二、总能找准关节点

前一段时间，很流行这样一个故事：一天，一位教授为商学院的学生上管理课。他说："这一课大家不用记笔记，只要跟着我做一个小实验就行了。"说完，他拿出一个大口的玻璃瓶子放在了桌子上。

之后，他从桌子底下取出了一袋鸡蛋大小的石块，一块一块地把它们放进玻璃瓶里，直到瓶子放不下才停止。这时，教授问道："瓶子满了吗？"学生齐声回答："满了。"教授又从桌子底下取出一袋小石子，并在不停地晃动中分几次将它们倒进了瓶子里。教授问："现在满了吗？"有人说"满了。"有人说："还没有满。"教授又从桌子底下拿出一袋沙子，缓缓地倒进了瓶子里，直到沙子溢满了瓶口。教授问："现在满了吗？"有人说："满了。"有人说"还没有满。"这时，教授又从桌子底下拿出了一瓶水倒了进去，直到水溢了出来。教授开始提问："这个实验说明了什么道理？"有人说："说明时间像海绵，只要你肯挤它，就能挤出来。"有人说："在有限的生命时间里，只要我们努力就可以做很多事情。"大家七嘴八舌地议论起来。

教授最后总结道："刚才同学们说的都有一定道理，但却不是我们今天做这次实验的真正目的。我做这个实验是想告诉大家，我们有限的生命就像这个瓶子，它只能放进去有限的东西。如果我们不把生命和工作中最重要的事情——这些大石块先放进去，那么，你的一生可能就会浪费在一些毫无任何意义的琐碎的事情上。如果让小石块充满自己的生命空间，那是多么悲哀的事情啊！"

教授的这一课生动地讲述了一个十分重要的生存法则，这就是关键掌控法则，通俗地说就是抓住主要矛盾，明确工作重点。不少人总是希望得到提拔、加薪和重用，他们以为发扬老黄牛精神，勤勤恳恳地做人、兢兢业业地做事就可以了，可是每到月末、季末、年末绩效考核的时候，他们却没有取得良好的绩效，他们为此而迷茫、烦恼。

其实，工作中要想得到自己想要的东西并不难。冷静地思考一下，企业、老板和上司整天殚精竭虑地在想什么？用一个字概括出来就是："钱"。变成两个字就是"利润"。利润是每一个企业、每一个老板、每一个上司都在朝思暮想的东西，这也是企业生存的关键，是企业经营的重点。很明显，如果一个人能够帮助企业多挣钱，企业自然也会让他得到他想要的东西。

具体来说，一名好员工，在具体的工作岗位上，应该如何抓住重点，做到关键掌控，为企业创造价值呢？这就需要树立结果、效率、质量、成本四大工作导向，时刻牢记并身体力行"多、快、好、省"四大关键掌控工作法。

1. 用绩效说话

古罗马皇帝哈德良手下的一位将军，觉得他跟着皇帝南征北战，应该得到提拔。有一天，他向皇帝说："陛下，我跟随您这么多年了，您应该给我一个更重要的职务。"皇帝问："为什么呢？"将军说："因为我经验丰富，参加过10次重要战役。"

哈德良皇帝是一个知人善用的人，他认为这位将军根本没有能力担任更高的职务,于是他随意指着一些拴在树上的战驴说:"亲爱的将军,请您好好看看这些驴子,它们至少参加过20次战役,可他们仍然是驴子。"

每一个人做事最重要的都是结果,是业绩。不少企业招聘员工的条件中都有这样一条:强烈的结果导向。意思是说,能按要求完成企业交给的各项任务和目标。一个军官要看他取得了多少次战役的胜利,一个主管要看他带领的团队取得了多少业绩,一个员工要看他是否完成了企业交给的任务和目标。

多劳多得,少劳少得,不劳不得,这个道理每个人都懂。劳动和工作仅仅是个过程,这个过程的最终目的是劳动和工作成果。作为员工,每到月底就会向企业或老板要结果,这个结果就是工资。反过来,老板也会向员工要结果:"我为什么要把工资发给你?"有的员工会说:"因为我完成了工作目标。"老板心里就会很高兴。而有的员工会回答说:"因为我辛辛苦苦干了一个月。"老板就会不高兴,也许心里会想:难道辛苦就得发工资吗?工作计划落实了吗?订单拿下来了吗?任务完成了吗?交代的事情办妥了吗?这些都是结果。如果一个员工做不到这些,得不到老板想要的结果,那他自己期待的结果也就无从谈起。

▶ 坚决完成任务

结果是衡量绩效的主要依据,是衡量每个人职业表现的重要指标。所以,在结果面前,没有任何理由和借口,没有"苦劳"与"疲劳"之说,只有完成和没有完成之分。在企业里,老板最爱听的两句话是:"老板,您放心,我保证完成任务!""老板,我回来了,您交办的事我彻底搞定了!"而这两句话常常出自好员工之口。

工作中经常会遇到一些棘手的问题,影响了预期目标的完成。这时候,你应该集中自己的智慧,调动自己所有的资源,去解决这些问题。在解决问题的过程中，你不仅能增加自己的业绩，更重要的是你的能力得到了提升，而这一点恰恰是你职业生涯中最为宝贵的财富和资本。

完成公司规定的业绩目标和工作任务，应该说是每一个员工的本分。如果你完成了既定的目标，会得到相应的工资报酬；如果你超额完成了任务，还会得到表扬和奖励；如果你在完成任务的同时，能够站在公司的角度思考问题、研究问题并解决问题，帮助公司获得更大的效益，那么就会有加薪和升职的机会等着你。

【案例】 主动承担额外的任务

著名职业经理人唐骏，在加入微软公司的时候，仅仅是一个普普通通的工程师。当时，微软公司软件开发的流程是，先开发英文版 Windows 系统，英文系统研发出来后，再由一个 300 多人组成的大团队转化成其他语言版本。这个程序转化的过程，并不只是单纯的翻译菜单那么简单，而是一项复杂的系统工程。以中文版为例，许多源代码都得重新改写，这需要 50 多个人努力不懈地修改大半年才能完成。

所以，一般情况下 Windows 英文版上市 9 个月后，中文版才能上市。刚进微软公司才几个月的唐骏，觉得这种死板的工作流程不仅让员工个人费时费力，也浪费了公司大量的资源，拖延了产品上市的时间。那么，有没有更好的办法改变这种局面呢？一定要找出解决这个问题的办法！唐骏下定了决心。之后，唐骏每天下班以后，都在艰难地、执著地进行着他的破冰实验。半年之后，他完成了一个有几万行源代码组成的程序。他经过反复的试运行，证明该程序的准确性和实用性之后，才把这个程序提交给上司。

后来，微软公司花了 3 个多月时间对唐骏的程序进行了论证，最终认为他的方法是可行的。于是，原来300人的庞大团队一下子缩减到了50人！并决定由唐骏带领这个团队，重新对微软操作系统进行全方位的升级。

进入微软一年半以后，唐骏不仅被提升到部门经理的重要职位，薪酬也相应提高。在回顾自己的工作经历时，唐骏感慨地说："虽然工作是程序员，但是你不能只把自己当成程序员，你还可以为你的老板和公司着想。但并不是找到问题就万事大吉，任何公司从来不缺挑刺儿的人。因为你发现的问题，可能已有不少人早就抱怨过了！所以你与其就这么跑去找老板诉苦，还不如调查研究后，带着解决方案去找老板，这才是上策。只有指出核心问题又能拿出有效解决方案的员工，才会得到老板的信任和器重。"

"世界的钱装在美国人的口袋里，而美国人的钱却装在犹太人的口袋里"。中国改革开放以来，温州人被称为"东方的犹太人"，他们用自己创造的一个个财富奇迹，证明了自己的实力。事实确实如此，在过去20多年的时间里，我国经济保持了年均9.4%的高增长速度，创造了新的经济奇迹，而温州市的城镇居民人均可支配收入更是以每年15%至20%的速度递增，"温州速度"和"温州模式"一时备受关注。

温州人为什么创造了中国甚至是世界的经济奇迹？温州市委政策研究室在《温州经济社会发展情况介绍》中，将温州人的精神总结为"四千"精神，即"历尽千辛万苦，说尽千言万语，走遍千山万水，想出千方百计"。

在实际的工作中，要想取得优秀的成绩，获得完美的结果，创造非凡的业绩，也需要发扬这种不屈不挠、矢志不渝的"四千"精神。

一家公司，产品销路不错，可是货款回收情况一直不理想。

到了年终岁尾，老板的喉咙都喊哑了，眼睛都急红了，可是还有一家大客户，欠了20万元，几乎占了所有欠款的一半还多，怎也要不回来。老板派了四五个业务员前去讨债，最后都被对方以各种理由给打发回来了。一天，老板把小张叫到了办公室，对他说："小张啊，咱们公司所有人过年的工资能不能按时发就全靠你了！"小张知道那家公司很不好对付，也着实不想去，可是老板说到这个份上，小张也就只好硬着头皮上战场了。

小张来到客户的公司后，就被客户指桑骂槐数落了一顿："你们三天两头派人来逼债，明明是不相信我们！要是这样，不要说没有钱，就是有钱也不会还给你们！"看到客户要赖的架势，小张打起了退堂鼓。可是，他转念一想，就这样回去了怎么跟老板交代呢！我就不信这个邪，这个债我是要定了！

第二天，小张早早地来到了客户公司的办公室，抢着打水扫地，有顾客来了他也赶紧帮助介绍产品。老板见了也不理他，他也没有再去找老板。有一天，老板终于开口对小张说："我看你还是回去吧，这样做没用的，我们不是不还钱，我们确实没有钱啊！"小张轻描淡写地回答："没事的，反正我回去也没有什么事。老板您放心，我不会让您给我发工资的。"老板无奈，也就不再理他了。

就这样，小张在欠账的客户公司一呆就是一个多月，眼看春节就要到了。受不了小张的软磨硬泡，老板只好同意还钱给他们公司，并给他开了一张20万元的现金支票。小张满心欢喜地拿着支票到银行提款，结果却被告知账上只有199900元。很明显，对方耍了个花招，这张支票是一张无法兑现的支票。第二天就是春节假期，如果不及时拿到钱，不知道要等到什么时候才能要回来这笔欠款了。如果是一般人可能这就打道回府了。可是，小张仍然留在银行大厅里想办法。这时，银行服务助理见到他左右为难的样子，就过来问个究竟，小张道出了原委，助理说:"账上的钱不够,我们也确实没有办法。"这句话让小张灵机一动:不就是差了100元吗?我要是存进去100元不就行了?于是小张自己拿出100元钱,存到了客户公司的账户里去,就这样,他顺利地收回了欠款。像小张这样遇到困难锲而不舍,千方百计完成任务的好员工,怎么会不被欣赏和重用呢?

▶ 一句话赢得大订单

有时候,成功只是因为你比别人多做了一点点。同是做一项工作,你能脱颖而出,也许只是因为你比别人多用了点心,多出了点力,多说了句话,或者多费心搜集了几个市场数据,或者多认真思考了一会儿得到了一个新的创意,或者多加了点班,做出了一份内容翔实的报告。天长日久,上司自然会了解到这些情况。如果有一天,公司有一个外出培训的机会,老板自然先想到推荐你去参加培训。这样你就比别人多得到了一个机会。以后被重点培养、提拔的事自然也就水到渠成了。所有这些只因为你在刚开始比别人多做了一点点,做好了一点点,但正是这一点点帮你取得了巨大的成功!

【案例】 只是多说了一句话

美国一家百货公司的经理一次到商场视察工作,问一个新员工:"今天你有几个顾客?"

新员工回答:"一个。"

"才一个顾客,有点太少了吧?那你的营业额是多少?"经理显然有些不满意,神情严肃地问这个看起来有些胆怯的员工。

新员工答道:"6万美元,先生。"

"6万美元?!"经理吃惊地问。

"是6万美元,先生。"小伙子坚定的回答让经理更加疑惑。

"说说看,你怎么卖了6万美元?"经理追问。

新员工回答说:"我先卖给那位先生一根钓鱼竿,之后问他打算去哪里钓鱼,他说要到南非海岸去。我说:'要是您能驾着自己的小船去会更好的。'他说他正在考虑买一个小汽艇,于是他买了我们公司那只六米长的小汽艇。后来,我又告诉他他家的汽车可能拖不动那只汽艇,他也觉得是这样的,所以我就带他去了公司的汽车部,他又买了一辆新汽车。"

经理喜出望外地说:"天哪,那个人来买鱼竿,你竟然能向他推销那么多东西,真是了不起啊!"

新员工又说:"不是的,先生。其实是他太太头疼,让他来买一瓶阿司匹林,之后我对他说:'等你太太的头疼好了,这个周末你就可以自由自在了,为什么不去钓鱼呢?'"

这一切的一切只是因为多说了一句话。有时候,多说一句话,你就可以创造奇迹!

由此可见,多做一点,多说一句,并不会让你缺少什么,很多时候只是举手之劳。在别人闲着的时候自己再做点什么,在别人打牌喝酒的时候自己再学点什么,在别人认为已经做得很好的时候,看看还能不能锦上添花。如此的坚持,点滴的积累,在当时看来可能没有什么明显的效果,但是,这都是你洒向未来的一粒粒成功的种子,经过酷暑的考验,你必定会迎来一个果实累累的秋天。

2. 让自己奔跑起来

时间就是金钱,效率就是生命。企业聘用了员工,也就聘用了员工法定的工作时间。所以,如何在有限的时间内取得最大的绩效,既是老板最关心的,也是员工应该努力做到的。

什么是效率?效率是指单位时间内完成的工作量,或劳动的成果与劳动量的比值。也可以说效率是投入与产出的比率。企业的效率可以从以下三个方面来衡量：第一，是否在规定的时间内完成了规定的任务和目标；第二，在一项具体的工作中，投入的时间和精力是否取得了企业和自己期望的效果；第三，在一定时间内的投入是否获得了预期的回报。

效率和效果是一对双胞胎，相辅相成，不可或缺。下面举一个例子来说明效率与效果的关系。某老板对秘书说："你赶快写一篇发言稿，我10点钟开会要用！"并向他简要交待了大致思路。这个秘书不到一个小时就把稿子交到了上司的手中，老板看后大为恼火："怎么搞的，我要讲的根本不是这个主题，这稿子根本不能用！"同样是这项工作，另外一个秘书用了半天时间也没有写好，眼看到了开会时间，老板说："算了，我自己列个提纲说一下好了。"会议开完之后，这位秘书终于把稿子写好了，上司看了说："写得倒挺好，可是有什么用啊！"

很明显，第一位秘书是有效率没有效果，后一位则是有效果没有效率，他们的工作都是没有价值的。好员工就是既有效率又有效果的人。

▶ 不做"人债"做"人财"

员工工作时间内的每一分钟、每一小时、每一天、每一月、每一年都是有价值的。你的职位越高，老板和公司在你身上的工资、福利和职务消费等投入越高，你的时间价值也就越大，你的时间也就越珍贵，相应的，你的责任也就越重大。

如果你的工作效率低下，那不仅仅是在浪费你自己的生命，也是在浪费着企业的金钱和社会的财富。根据工作效率的不同，企业的员工可以分为三种：即"人在""人财"和"人债"。

实现自己的价值，回报企业的投入，不让企业和老板赔本，这是每个员工在企业生存的基础。能够满足这个要求的员工是企业的"人在"。由于工作态度或者能力的原因，"人在"的绩效水平一般，产出基本上等于企业对他们的投入，这种人在一段时间内不会被企业淘汰；企业中注定被淘汰的是那些所谓的"人债"，他们的产出小于企业对他们的投入，这种人越多企业亏损就越严重；而那些挖掘自身潜力，为企业创造财富的好员工，才是企业宝贵的"人财"，他们是高绩效的人，他们的产出总是超过企业对他们的投入。企业和老板自然也会犒劳企业的"人财"，这种犒劳体现在薪酬、福利、股票期权、晋升以及培训学习的机会等上面。

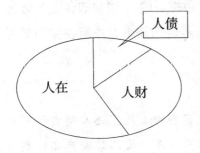

人在：个人产出≈企业投入，占员工比例大约为60%~70%；
人财：个人产出＞企业投入，占员工比例大约为20%~30%；
人债：个人产出＜企业投入，占员工比例大约为5%~10%。

图2-3 你是哪种人

➡ 赢在起跑线

数字化时代是速度竞争的时代，比尔·盖茨在其《未来时速》一书中写道："如果说20世纪80年代是注重质量的年代，90年代是注重再设计的年代，那么21世纪的头10年就是注重速度的时代，是企业本身迅速改造的年代，是信息渠道改变消费者的生活方式和企业期望的年代。"

时间是世界上最稀缺的资源。时间没有弹性，也没有任何替代品。数字经济的实质就是速度经济。在速度经济时代，企业的研发人员要及时研发，营销人员要及时策划、及时营销，最大限度地缩短产品研发的时间，加快产品上市的速度。每一个员工都应该常常问自己：我及时发现顾客需求了吗？我们的产品上市比竞争对手快了还是慢了？我是否能够迅速而妥当地处理顾客的投诉？企业的生产人员则应该树立守时的观念，做到"在必要的时候，把必要的东西准备好"，以提高生产效率，节约生产成本，缩短生产周期，增强生产弹性。企业的管理人员应该反思自己部门的工作流程，看看有没有浪费时间的多余程序，有没有提高效率的更好方法。即使你是一名普通的员工，你也应该时时刻刻地思考：自己如何才能又快又好地完成任务。

"一万年太久，只争朝夕。"在激烈的市场竞争中，"想好了再跑"的观点已经落伍，只有"边想边跑"、"快想快跑"才能跟上时代发展的步伐，适应市场经济的需求，才能在激烈的竞争中保持领先的地位。

【案例】 伊丽莎白的遗憾

伊丽莎白是石油大王洛克菲勒的女儿，她希望自己可以像父亲一样，在商场上有所作为。在一次巴黎新产品博览会上，伊丽莎白对一个产品的专卖权志在必得，而且为此做好了充分的准备，可是因为出价的时间比竞争对手晚了一个小时，她最终失去了这次机会。

伊丽莎白在给父亲的电话中懊恼地说："爸爸，博览会的事您已经知道了吧？我实在没有料到。我以为可以多花点时间，仔细考虑之后再做决定呢！"洛克菲勒安慰女儿说："孩子，不管怎样，你已经尽力了。我只是想告诉你，优柔寡断，缺乏决策力是经商的人最致命的缺点。如果任凭自己思来想去，犹犹豫豫，就会严重影响工作效率，更会影响到公司的发展前途！"

生意场上如此，职场中也是如此。想想赛场上的运动员吧，大家都在同一个起跑线上，同样的时间，同样的条件，跑在前面的人哪怕是慢了半步，后面的人马上就会挤上来占据跑道，前面的人很可能因此就失去了一次胜出的机会。所以，果断决策，雷厉风行，快马加鞭，干净利落，应该是一个好员工工作的基本准则。

3. 质量就是饭碗

可以说，21世纪是质量的世纪，在这个时代，质量就是利润。海尔集团CEO张瑞敏曾说："在新经济时代，什么是克敌制胜的法宝？第一是质量，第二是质量，第三还是质量！"

质量是企业的生命。产品质量在企业外部表现为品牌形象、市场占有率、顾客满意度和忠诚度等；在企业内部，质量则表现为全体员工的工作质量水平。质量最终决定了企业的命运。判断一个员工是否有质量意识，要看他对待本职工作是否尽心尽力，做每一项工作是否都力求尽善尽美。应该指出的是，产品质量并不单单是生产该产品的员工的责任，而应是企业全体员工的责任。因为企业中的每一个人的每一项工作，都与产品质量有着直接或间接的关系，这也就是不少企业强调"全员质量意识"的原因。

工作质量是员工绩效考核的主要内容，甚至是起决定性作用的指标之一。俗话说"失之毫厘，谬以千里"。工作中的一个微小的瑕疵，就可能会给企业带来巨大的损失，甚至给企业遭致灭顶之灾。从这个意义上说，质量也是每一个员工职业生涯的底线。那么，在实际的工作中，一个好员工应该怎样保持并提高自己的工作质量呢？

➡ "6σ"精神

工作的质量没有最好，只有更好。

20世纪70年代到80年代，美国摩托罗拉公司在同日本公司的竞争中连连受挫。因经营不善，公司一度面临倒闭的危险，之后摩托罗拉公司开始反省自己，总结失败的教训。摩托罗拉公司发现，自己的一个电视机生产企业，被日本公司并购改造之后，产品不良率减少到原来的1/20。这一发现，令摩托罗拉公司高层十分震惊，他们找到了自己濒临倒闭的真正的原因——产品质量不过硬。摩托罗拉公司痛定思痛，在史蒂夫·金克拉夫博士的领导下，开始实施著名的"6σ"（六西格玛）质量管理计划。这一振兴计划不仅使摩托罗拉公司顽强地生存了下来，更使它一跃成为世界通讯业的巨头。这个计划也为全世界的企业贡献了一笔巨大的财富，这就是"六西格玛"质量管理方法。史蒂夫·金克拉夫博士也因此被誉为"六西格玛教父"。

"σ"（Sigma）是一个希腊字母，在统计学中代表标准差。通俗地说，所谓6σ质量管理方法就是企业从顾客的角度出发，确定企业战略目标和产品开发设计的标尺，追求持续进步的一种质量管理哲学。直接在产品生产上的体现是：采用科学的生产和管理方法，实现100万个产品中只有3~4个缺陷产品的目标，即产品质量合格率是99.99966%，所以6σ几乎代表了产品质量的最高境界和水平。

事实上，6σ管理所倡导的正是一种追求完美的职业精神，是对工作质量近乎苛求的职业境界。所有员工的工作都是企业这个大机器上的一个小零件，所以，员工自身的工作质量直接关系到大机器是否能够协调高效地运转。一个小小的失误，就会造成大机器的重大故障，甚至是报废。很明显，哪个零件出了问题，哪个零件就会被淘汰。因此，你必须时刻提醒自己，要以优良的工作质量，去对待公司的"内部顾客"和"外部顾客"，并以精益求精的态度做好身边的每一项工作、每一件事情。积极的态度会改变你的工作状态，你也会因为工作的改变而赢得发展与成功的机会。

▶ 1.5秒的巨额损失

宝洁公司刚开始推出汰渍洗衣粉的时候,市场占有率和销售额一路飙升,可是一段时间之后,这种强劲的增长势头就逐渐消失了,甚至慢慢出现了下滑的迹象。公司的销售人员既着急又纳闷,虽然他们进行了大量的市场调查,但一直都找不到销量停滞不前的原因。

一天,宝洁公司召开了一次消费者座谈会,一位消费者抱怨说:"你们的汰渍洗衣粉用量太大,我们用不起啊!看看你们的广告就知道了,要倒那么多洗衣粉才能洗净衣服!"销售经理立即把广告片找来播放了一遍,发现广告中演员倒洗衣粉的时间为3秒钟,而其他品牌洗衣粉的广告中,倒洗衣粉的时间仅为1.5秒左右。广告片中这么一点点的疏忽,就对汰渍洗衣粉的销售和品牌形象造成了如此严重的伤害。

每一个员工都是企业质量体系中重要的一环,每个人都对企业的质量负有不可推卸的责任。质量是企业品质的表现,更是企业全体员工素质和品质的表现。

一家服装企业的业务员为单位采购一批羊皮,供货合同中规定:"每张大于4平方米。有疤痕的羊皮不要。"合同签订后他高高兴兴地回到了公司,并告诉老板合同已经签订,不日即可到货。过了几天,羊皮按时到达,可是验货时他却发现发来的羊皮都是小于4平方米的。他立刻打电话询问对方原因,对方却说是按合同供货的。当业务员翻出了供货合同的时候,他傻眼了,合同上写着:每张大于4平方米、有疤痕的羊皮不要。中间本应是句号却写成了顿号。就这样,一个标点符号的差错使企业蒙受了巨大的损失。

质量无小事,质量是企业的生命,更是每一个员工的饭碗。所以,要做一名好员工必须告别工作中浮皮潦草、漫不经心的恶习,每一个环节,每一个步骤,每一个方面,都应该精雕细琢、反复推敲，严谨扎实地做好每一件事，哪怕是很细小的事情。

▶ 在无人处鞠躬

日本人做事认真是众所周知的。有一个留学生在日本刷盘子的故事，前几年流传很广。这位留学生在日本一家餐馆找到了一份刷盘子的工作，老板要求刷盘子一定要刷七遍，员工都严格按照这一标准一丝不苟地执行。刚开始，这位留学生也按要求每个盘子刷七遍，干了几天，他发现盘子刷到第五遍时就已经很干净了，根本没有必要刷七遍。于是，他开始偷工减料，每个盘子只刷五遍，这样在同样的时间里他可以刷更多的盘子，赚更多的钱。

正当他为自己的小聪明沾沾自喜的时候，老板发现了他的不良行为，随即就让他离开了这家餐馆。他最初觉得离开就离开，再找一个刷盘子的活也很容易。谁知，他接连找了好几家餐馆，老板一见到他就问："你就是那个刷盘子只刷五遍的人吗？对不起，我们这里不需要你！"

有一天，他回到住处，房东堵住他说："听说您刷盘子只刷五遍，是吗？""是的。"留学生无奈地回答。"是这样的，这些天您住在我们这里，您的不良声誉使我多余的房子没办法租出去，实在是对不起，请您离开这里吧！"又过了不久，他所就读的学校也以同样的理由要求他退学。不得已，这位留学生只好中止学业回国了。

日本国际协力事业团的一位协调员，曾用这样的比喻来形容日本人的质量意识，她说："美国人首先发明了电梯，但他们可能只满足于电梯能上能下就行了，而日本人一定会改造它，让电梯停靠时与楼层完全处于同一平面。"日本人的质量意识由此可见一斑。

第二章 方法总比困难多

【案例】 没有人看见的时候你会鞠躬吗?

最近看到一篇题为《无人看到的鞠躬》的文章,很有感触。文章讲的是作者在东京坐小巴的经历。小巴司机是位娇小的日本女孩,穿着整洁的制服,乘客上车后,她就用温柔的声音说:"欢迎乘车!"让乘客倍感温馨。路途中,女司机一边开车,一边不时地提醒车上的旅客:"我们马上要转弯了,大家请坐好扶好""我们前面有车经过,所以要稍等一下""现在变绿灯了,我们要开动了""马上要到站了,要下车的乘客请提前做好准备"……

最令人感动的是在她交接班后,作者发现她静静地在路边朝车行驶的方向深深地鞠躬,许久许久。而且那天还下着小雨,在一条安静的小路旁,一个瘦弱的女孩恭恭敬敬地对着她的乘客离去的方向深深地鞠躬。这一画面静静地定格在了作者的记忆中。

一个好员工就应该是这样在无人处也能真诚的向顾客鞠躬的人。

现在设想一下,假如你自己就是那个日本女司机,在那个下着小雨的夜晚,在没人看见的地方,你也会真诚地鞠躬,目送你的顾客远去吗?工作守则不是遵守给别人看的,敬业、认真、严谨、细致这些口号也不是平时喊喊就可以了。好员工在上司不在的时候,在没有人监督的时候,也一样能够做到对每一项工作都一丝不苟,保证每一件产品的质量始终如一。

《大学》解释说:"诚于中,形于外,故君子必慎其独也。"什么是"慎独"?直接的意思是,君子在闲居独处、没有别人监督的情况下,也应该能够反省自己,按照道德规范做事。偷懒耍滑,投机取巧,三心二意,得过且过都不是"君子"所为。

有人可能认为：不就是迟到五分钟吗？不就是少了一个标点符号吗？不就是写错了一个字吗？殊不知千里之堤溃于蚁穴，这些看似无关紧要的不良习气，如果不能引起足够的重视，长此以往，会损害你的职业精神，麻痹你的职业意识，腐蚀你的职业道德，最终将断送你的职业前程。

4. 拔掉浪费这颗钉

有一年冬天，我去北京讲课，一个人不想住在宾馆，就给在北京做玩具生意的朋友打了个电话，朋友很爽快地让我去他那里住，只是在电话中说："那你可要睡在货堆上了。"我说："没关系，反正就一晚。"

朋友把我接到他设在中关村的办事处，四室两厅的大套房，可是当我仔细打量房间时，却不由吃了一惊。偌大的一套房子里居然放着各式各样的玩具以及花里胡哨的圣诞节用品。他的卧室是四室中最小的一间，摆放着一张双层床、一张电脑桌和一些家居用品，双层床的下铺也是一箱一箱的货物。正当我愕然的时候，朋友说："今天委屈你这个大教授，就睡在这个单间吧！我就在货堆的旁边找个地方睡。"我说："你不是在附近还有一套花园式洋房吗？"朋友不好意思地说："不是不让你去住，那里也堆满了货物，还没有这里宽敞干净呢。"

晚上，朋友请我吃饭的时候，我还是忍不住地说："你现在少说也身价千万了，怎么还这么抠门儿？再弄个房子自己住不就行了？"没想到朋友却说："没什么必要啊，要是连这点苦都吃不起的话，还做什么生意呀？"我仔细地思考了他的话，也许穷人与富人之间的区别就在于是不是吃得了苦，是不是能把该节省的钱省下来。

浪费就好像是扎入企业机体的一颗钉，给企业带来痛楚与烦恼。好员工知道随时随地为企业节省开支，帮企业拔掉浪费这颗钉。他们的节约也许一时不会被上司知道,更不会因此而得到奖励,但是时间长了,他们就会养成良好的职业习惯,无论走到哪里他们总是企业最欢迎的人。

▶ **吝啬也是好习惯**

关于如何搞好企业经营的书籍可谓是汗牛充栋,其实,简单地说,企业经营的要点无非是两个方面:一个是开源,一是节流。开源需要审时度势,不断拓展经营的广度和深度,这需要一点时间和精力,而且会遇到许多不可预知的问题。而节流只需要全体员工养成节约的良好习惯,再加上一定的激励与约束制度就能够做到,而且会带来意想不到的巨大效益。事实上,员工每为企业节约一分钱,就相当于为企业带来了 分钱的利润。

几乎所有的老板都是精打细算的人,这是一个成功企业家应该具备的职业素质。有时候,有的老板对钱的节约简直到了吝啬的地步,有时你甚至认为他们是在作秀或者是在糟蹋自己。其实,犹太人的《塔木德》箴言中说:"吝啬在有的时候和节约一样是一种优秀的品质。"重庆小林寝饰有限公司董事长林良快的吝啬之道是几十年如一日的节省。他曾经连续几年吃住在厂里,仓库就是寝室,纸箱就是床。为了节省几毛钱,他曾经连续两个月喝凉水,啃馒头。创业之初,为了节约成本,他既当推销员,又做搬运工。很多次送货,由于路弯坡陡,用不了三轮车,林良快又舍不得雇汽车,就干脆挑着扁担,走上几百里地。

老板会把自己的一毛钱掰成两半花。不少员工把老板的钱当成别人的钱,办事不讲节约;把老板的事当成别人的事,办事不讲效率,结果就是老板也会渐渐地把他们当成外人。正像我在《黄金心态》一书中提到的,如果员工拥有"老板心态",把老板的钱当成自己的钱,凡事讲节约;把老板的事当成自己的事，凡事讲效率，老板自然会把这样的员工当成自己人。员工为企业和老板节省了资源，用小钱办了大事，老板自然会用加薪、提拔等方式作为奖励。更关键的是，拥有了老板心态，就具有了成功老板的习惯和基因，只要敢想敢为，这种员工总有一天也会成为老板。

所以，如果你暂时还不能为老板开疆拓土，建立更大的功勋，又希望赢得老板的赏识、信任和重用，那你就要从自己的工作开始，从身边的小事开始，时时注意节约，事事注意节省。尽管你的努力可能给公司省不了几个钱，但你的精神老板会十分欣赏，天长日久，你将在老板的心目中树立自己良好的职业形象，在老板的心里，你是一个可以托付大事的人，你的机会自然比别人多。只要你相信这条路并坚持走下去，节省成本一定是一条让你在平凡的岗位上脱颖而出的捷径。

▶ 省钱就是赚钱

有一家机器制造厂的老板，发现车间工人在生产过程中，常常随手丢弃一些剩余的小零件。车间里随处可见被丢弃的小零件，虽然领导多次提醒，但情况仍没有改观。一天，老板突然走进车间，从自己的口袋里掏出许多硬币，随意扔在车间的各个角落，之后，他什么话也没有说，就回到了自己的办公室。员工们见此情景感到莫名其妙，对老板的古怪行为议论纷纷。

第二天，老板召集全厂员工开会，发表了语重心长的讲话："可能大家都知道我随意扔钱的事了吧，我还没有傻到这种地步。当我扔钱时，大家感到不理解，觉得心疼，这很好，说明咱们的员工还具有节约的意识。可是，在咱们的车间里，甚至是马路上、垃圾箱中，螺丝、钉子这些小零件随处可见，大家却从来没有觉得可惜。要知道钢材一天天在涨价，这些不起眼的小物件要比那些一毛钱的硬币值钱得多啊！"员工们受到了震撼，猛然间醒悟，这之后再也没有人乱丢零件了。

第二章 方法总比困难多

是啊,"不积跬步,无以至千里;不积小流,无以成江海。"大风起于青萍之末,所有轰轰烈烈的成就都源于平淡之处。一根火柴不值一分钱,一栋房子价值数百万,但一根火柴可以烧毁一栋房子,如果在小事上不注意,铺张浪费的恶习累积起来,就会形成巨大的破坏力量,不仅使企业经营积重难返,也会使员工的长远利益受到巨大的损害。

洛克菲勒的节俭是举世闻名的。他计算提炼每加仑原油的成本,总是精确到小数点后的第三位。每天早晨一上班,他就要求公司各部门上交一份有关生产情况的报表,看看是不是存在浪费问题,并以此来考核下属部门的工作。一次,他质问一个炼油厂的经理:"为什么你们提炼一加仑原油要花1分8厘2毫,而东部的一个炼油厂,做同样的工作却只要9厘1毫?"他甚至不会忽略几乎不值钱的油桶塞子,他曾写过这样的回信:"上个月你汇报手头有1119个塞子,本月初送去你厂10000个,本月你厂使用9527个,而现在报告剩余912个,那么其他的680个塞子哪里去了呢?"

在工作的各个方面、各个环节都应该注意节约。比如,尽可能减少纸张的消耗,尽量在电脑上修改文稿,减少重复打印的次数,达不到丰田公司的一张纸四面用,最起码也要做到一张纸两面用,严格控制复印文件的数量;对使用过的信封、复印纸进行再利用;尽量使用钢笔,减少一次性签字笔的使用量;能用电子邮件、QQ、MSN等不花钱的通讯工具解决问题,就尽量不打电话;能打电话解决问题就尽量不出差;能骑自行车或乘公交车办的事就尽量不要求派车或叫出租车;避免办公设备的开机性闲置,随时关灯、拧紧水龙头,空调温度调至合适,等等,只要你养成节俭的良好习惯,这些仅仅是举手之劳的事。

富豪王永庆认为,节省一元钱等于净赚一元钱,赚钱要依靠别人,节省只取决于自己。学会了节俭也就学会了理财之道,也就学会了对财富的运用和创造。养成节俭的习惯，受益的不仅是企业，更重要的是你自己的一生。

有一次，我在一家企业讲课，在课后总结的时候，这家企业的老板对两个主管的节约行为大加赞赏。这两个主管从北京出差返回上海，为了节省三百多元钱，先买了到苏州的车票，再转回上海。当老板在全员大会上表扬他们时，他们却说："其实也费不了多少时间，只是辛苦点儿，就能为公司节约三百多块钱，何乐而不为呢？"看起来，节约真的是好员工的一种习惯。

在日常的工作中，每当接受上司安排的某项工作时，不少人总是条件反射地要钱、要人、要物，总是想着能够让自己轻松自在地、舒舒服服地去干活。干好工作没有必要的条件是不行的，但是，好员工总是能够反向思维，他们也总是习惯性的琢磨：我应该怎样做才能够为公司节省开支？我应该怎样做才能不花钱办成事、花小钱办大事？比如，如果上司对他们说："天气这么热，叫个出租车去吧！"他们就会说："就几站路，骑自行车反而凉快！"这样的好员工其实并不是傻瓜，迟早有一天，他们为公司节约的财富会反馈到自己的身上。

【案例】 一点一滴造就 "节油王"

王静是武汉公交集团578路公交车驾驶员，她1986年参加工作以来，先后从事过乘务员、驾驶员等工作。开车十六年，王静同志从节约能源入手，潜心钻研节油技术，在工作中总结了"一查、二看、三配合"的节油"三手绝活"和"安全行车十二字秘诀"，创造了安全行车五十一万公里、节油四万余升、发动机大修间隔里程达四十万公里三项记录。同样一辆车每百公里下来，王静总要比别人节约七升油。中央电视台"劳动者之歌"节目记者采访她时，王静很平淡地说："我认为其实节油并不难,重要的是细节问题,贵在坚持,就是把简单的事情坚持下来,在点滴中实现积累。"

在平凡的工作岗位上,王静用自己的坚持练就了职业司机的硬功夫,这就是"一个目标,三手绝活":不横冲直撞,以安全为目标。第一手绝活是"看",开车必须有预见性,得看清了行车环境才能心中有数;第二手绝活是"记",得熟悉路况、避免颠簸,记清沿途"状况"才能减少最耗油的急刹车;第三手绝活是"配合",操作时巧妙地配合运用离合器、油门、变速器。

王静还用自己的节油奖金为公司的所有司机们,制作了一张节油卡片,卡片写着:"心平气和,不急不躁""慢起步、柔进挡、中速行、缓进站"。她也因为突出的业绩获得"中国城市公共交通领域十大节油王"的殊荣。

今天的结果是昨天努力的原因,今天的努力决定明天的结果。这就是决定每个人命运的强大的因果定律。如果你现在的薪水还很低,现在的职位还不高,现在还没有得到重用,不要埋怨企业的政策不合理,不要抱怨老板和上司有眼无珠,也不要认为是同事不帮忙,更不要借口家庭不支持,找一个清静的地方认真地反省一下自己:我是否已经很努力?我是否一直在付出?我是否每天都多做了一点点?快做了一点点?做好了一点点?做省了一点点?

【好员工修炼自我检测】

序号	检测项目	存在问题	改善计划
1	我的问题意识如何？遇到问题是绕开还是勇敢地面对？		
2	我解决问题的能力如何？我能够主动发现工作中存在的问题并提前解决吗？		
3	工作中我总是"多1盎司"还是"少1盎司"？		
4	工作中遇到困难和问题，我坚持到底了吗？我是否总是千方百计找方法，而不是想方设法找借口？		
5	我的绩效状况如何？我总能完成绩效任务和目标吗？我有哪一次没有完成绩效任务？为什么？		
6	对任何一项工作，我的表现是否总是能够超出公司的期望？		
7	我的工作效率如何？我是否积极追求最快的速度？		
8	大体上说我是一个什么样的人？人在？人财？人债？为什么？我怎样做才能成为真正的"人财"？		
9	我的工作质量如何？我是否追求完美？		
10	我是否经常在一些工作质量的细节上出现问题？		
11	我的工作成本意识如何？我能够主动自发地为公司节约开支吗？		
12	为了完成绩效任务，我是否发扬了"四千"精神？有过偷懒耍滑的现象吗？		
13	我应该怎样抓住"多、快、好、省"的工作重点，创造"多一点"的卓越绩效？		

第三章

好头脑不如好习惯

> 一旦你产生了一个简单的坚定的想法,只要你不停地重复它,终会使之成为现实。提炼、坚持、重复,这是你成功的法宝;持之以恒,最终会达到临界值。
>
> ——杰克·韦尔奇

行为科学研究发现：一个人一天的行为中大约只有5%是属于非习惯性的，而其他的95%的行为都是习惯性的。人们早晨被闹钟叫醒，然后起床、穿衣、刷牙、洗脸、吃饭，然后去上班，这一切都很自然，没有人感到费力，因为这些都是习惯。

在学校里，有的学生看起来并没有"三更灯火五更鸡"，也没有"头悬梁，锥刺股"，可是他们的学习成绩总是名列前茅；在工作中，有的员工并没有那么加班加点，甚至有时看起来似乎并不是那么勤奋和辛苦，可是，他们的业绩总是高高在上，总能得到上司的肯定、表扬和重用。

为什么？

有句话说得好：成功的人并没有什么非凡的才能和智慧，他们只是具有成功的习惯罢了！好员工之所以优秀的原因就是他们拥有良好的职业习惯和工作习惯。

一、管好自己不容易

一个好员工自然能够取得好绩效，而取得卓越绩效的前提是自动自发地进行自我管理。关于自我管理的问题，诙谐作家杰克森·布朗曾经有过一个有趣的比喻："缺少了自我管理的才华，就好像穿上溜冰鞋的八爪鱼。眼看动作不断可是却搞不清楚到底是往前、往后，还是原地打转。"如果你知道自己确实有几分才华和能力，而且又确实干了不少活儿，但却总是看不见太多的成果的时候，那么你很可能缺少自我约束与自我管理的能力。

1. 管好时间就是管好生命

人在职场身不由己。朋友见面，通常的第一句话就是："最近忙吗！"回答大都是："嘿，别提啦，最近真是晕头转向，快忙死啦！这日子真不是人过的！"说完之后，仍然过着"不是人过的日子"。忙碌的人很可爱，像辛勤的小蜜蜂，似乎不知疲倦，但忙碌的人也有可恨之处，忙人的可恨之处主要表现在他们抓不住工作重点，不懂得自我管理。

▶ 坚持"二八法则"

1897年，意大利经济学家帕累托在从事经济学研究时，偶然注意到19世纪英国人财富和收益之间存在着一种重要的现象，即20%的人口占有80%的社会财富。这一重大的发现揭开了世界财富分配的秘密。后来，人们把这一研究成果运用到企业管理中，比如，20%的努力带来80%的收获；20%的顾客带来80%的生意；20%的产品带来80%的利润；20%的时间和精力创造80%的绩效等。这就是所谓的"二八法则"。

"二八法则"在日常生活中也普遍存在，比如，你衣柜里的衣服琳琅满目，经常穿的也就是20%；你的朋友遍天下，经常和你来往并能帮上忙的也就是20%；大街小巷，商店超市到处都是，你经常光顾的顶多就是那其中的20%。

"二八法则"也叫帕累托法则、不平衡法则、关键少数法则、最省力法则等，是指在因和果、努力和收获之间，普遍存在着似乎无法解释的不平等关系。"二八法则"的精髓是：抓住关键的少数，用80%的时间和精力，去做对你的工作最有价值和最重要的那20%的大事，而对于那些琐碎的80%的小事可以有所取舍，甚至可以干脆忽略不计。其实，"二八法则"其实并不神秘，人们常说的"抓主要矛盾""牵牛要牵牛鼻子""擒贼先擒王""纲举目张"等都是这个道理。问题是不少人知道，但就是没有做到，或者没有坚持做到，结果总是劳而无功，最后变成了可怜兮兮的"没有功劳也有苦劳"的人。

在实际工作中，所有的工作都既有紧急程度的不同，同时又有重要程度的不同，根据这两个维度，人们工作和生活中的事情可以分别列入如下表所示的四个象限。

表3-1　日常事务的四个象限

	紧急	不紧急
重要	第一象限：又紧急又重要 突发的危机事件 有时间要求的工作计划 事关大局的急迫问题	第二象限：重要但不紧急 制订计划、未雨绸缪的工作 改进方法、挖掘机会、提升能力 学习、健康、家庭、休闲
不重要	第三象限：紧急但不重要 朋友现在打电话要与你逛街 不速之客 某些电话、信件、邮件	第四象限：不重要又不紧急 某些闲聊的拜访或电话 有趣但无意义的活动，比如无休止地看肥皂剧、打牌、吹牛等

你在不同的象限投入时间的多少，决定了你绩效水平的高低。

如果你的大量时间都耗费在第一象限，说明你是一个"消防队员"式的人物，主要原因是因为你的工作方法不当，缺乏规划和计划，抓不住工作重点，因而在工作中漏洞百出，整天陷入似乎既紧急又重要的事务之中，忙于挽救失误、处理本不该发生的问题等。这种情况下，你很难取得满意的工作绩效，即使取得了一些工作业绩，也是用自己的精神压力、超时加班、身体健康或家庭幸福换来的。

如果你把大量的时间浪费在第三、第四象限，说明你不是一个失败者就是一个平庸无为的人。因为你急功近利，缺乏自制和自律，对工作乃至对自己的生命不负责任，随波逐流。你分不清哪些事情对你来说是重要的，是应该做好的；哪些事情对你来说是不重要的，根本不值得去花费时间。比如无休止地打牌、聊天、逛街、看肥皂剧，确实很有趣，但对你的职业进步丝毫没有任何的帮助。结果你陷入了"甜蜜"的陷阱，整日忙碌在一些看起来很有趣但却毫无意义的事情上，最终是得过且过，碌碌无为。

一个好员工，主要做的应该是第二象限的工作，并尽量减少第一象限的工作。第二象限的事情尽管很重要，但是往往不紧急，但却是人生路上的"大石块"。比如，制订计划，坚持学习，提升能力，锻炼身体，关心家庭，孝顺父母，与配偶、孩子沟通，休闲身心等。但是这些大石块往往因为不是迫在眉睫的事情，所以常常会被忽视。因此，要搬起这些大石块，就要做到：

（1）合理地将自己的工作按紧急和重要程度划分到不同的象限中去；

（2）先做或者将大部分时间和精力用于做属于第二象限的工作；

（3）许多第一象限的工作，实际上是因为第二象限的工作没有做好而产生的，要注意纠正；

（4）不要被第三象限中一些工作的假象所迷惑，它没有你想象得那么紧急；

（5）根据第二象限的事务制订有序的时间安排计划；

（6）用80%的时间做第二象限和第一象限的工作，用20%的时间做其他象限的工作。

再说一遍，要时刻牢记：用80%的时间和精力去做影响和决定你工作和生活的那20%的重要的事情。也就是说，你要时刻抓住并做好那些关键的少数事情，而不是相反。

◆ 每天只做六件事

如果有一个人对你说，他有一个价值2.5万美元的工作方法，只要你买到后认真实践，肯定会让你成为成功人士。你相信吗？你愿意购买吗？你不要不相信，还真有这回事。

美国伯利恒钢铁公司总裁曾因为公司濒临破产，而向效率管理大师艾维利求助。听了总裁一个多小时的倾诉，艾维利说："这样吧，我给你一个方法，不过如果这个方法确实有用的话，你要付给我2.5万美元的报酬。"总裁此时已经焦头烂额，虽然觉得有点离谱，但还是答应了。于是，艾维利拿出了一张白纸，请总裁把他第二天要做的全部事情写下来。几分钟后，白纸上满满记录了总裁先生几十项要做的工作。这时，艾维利请总裁认真考虑，并要求他按事情的重要顺序，分别从"1"到"6"标出六件最重要的事情。同时告诉他，请他从明天开始，每天都这样做：每天一开始，全力以赴做好标号为"1"的事情，直到它被完成或被完全准备好，然后再全力以赴做标号为"2"的事，以此类推，直到你下班为止。如果你一天只做完了第一件事情，那不要紧，因为你总是做着最重要的事情。艾维利还建议他，如果这个方法有效，可将此法推行至他的高层管理人员，若还有效，继续向下推行，直至公司的每一位员工。

这就是著名的"六点优先工作制"方法。艾维利认为，一般情况下，如果人们每天都能全力以赴地完成六件最重要的事，那么他一定是一位高效率人士。一年后，艾维利的方法在伯利恒钢铁公司产生了巨大的效果，作为咨询的报酬，他也如愿收到了一张来自伯利恒公司的2.5万美元的支票。

不少人总是"先做紧急的事，再做不紧急的事"，结果成了紧急的奴隶，每天把80%的时间和精力都花在了"紧急但不一定重要的事情"上。要提高绩效就必须转变思考方式和工作习惯，依据事情的"重要程度"排定工作优先次序，而不是根据事情的"紧急程度"排定工作优先次序。

好了,你可以根据上述的方法,为自己制订一个每月、每周、每天的工作图表,这个图表也可以纳入你工作日志的一部分。图表中列出你每月、每周、每天最重要的工作,并在最重要的工作前打上标记,或换一下颜色。这些重要的工作项目不一定就是六项,也可以是四五项或者两三项,甚至是一项。当然,需要明确的是月、周、天的重要工作之间是平衡关联的。以一天为例,具体的做法是:

(1) 列清单。将每天的工作或其他安排逐条列出,越详细越好。

(2) 排顺序。

——今天的核心事务:从前面列出的清单里选出你认为今天最重要的一件事、两件事、三件事或者是五件事;

——将清单上的事件按重要程度排序(在最后面标上1、2、3……)。

——将清单上的事件按紧急程度排序(在后面标上1、2、3……)。

——综合考量重要的事和紧急的事,确定今天时间安排的优先顺序(在行事历上记录1、2、3……)

(3) 列日程排序表。

表3-2 优先排序工作表

日 期	事 项	行 事 历
工作项目	① ② ③	
检查记录		

什么是好员工？从时间管理的意义上讲，好员工没有时间做不利于生产流程顺利进行的事情，好员工没有时间做有损企业利益的事情，因此，好员工是一个善于管理时间，善于管理生命的人！

▶ 节约生命的十二个窍门

管理好自己的时间，做一个高效能的好员工，还有一个重要的法则，这就是手表法则。简单地说，所谓手表法则就是：一个时间只专心专注于做好一件事情。

在日常生活中，当你有一块表时，你可以知道现在是几点几分县全几秒，而当你同时拥有两块表时，你却很难精确地确定时间。现实生活和工作中，许多人都容易掉入两块手表的陷阱，就是止在干的和心里想的不是同一件事情，或者同时干两件事情，或者一件事情没有做完，又开始做另外一件事情。结果，脚踩两条船或多条船，让自己陷入一片混乱，最后一件事情也没有干净彻底地做好。所以，一旦你确定眼前要做的这件事，你就要专心致志地把它们做好，不要吃着碗里看着锅里。当你与爱人休闲度假的时候，你就不要想你工作上的事情，以免你的爱人生气，破坏了美好的时光和心情。当你集中精力撰写报告公文的时候，你就不要想着下午开会可能出现什么问题。下午开会的问题，你可以在文件完成后专门考虑。

居里夫妇结婚时，他们的会客室里只有一张简单的餐桌和两把椅子。居里的父亲知道后，写信告诉他们，准备送给他们一套家具，问他们喜欢什么样的家具。看完信后，居里夫人若有所思地说："有了沙发和软椅，就需要人去打扫，在这方面花费时间未免太可惜了。"居里对新婚妻子说："不要沙发也可以，我们只有两把椅子，再添一把怎么样？客人来了也可以坐坐。""要是爱闲谈的客人坐下来，又怎么办呢？"居里夫人还是不同意。最后他们决定，不再添任何家具了。

人们的一举一动都在和时间打着交道，因此在日常生活和工作中，掌握一些小窍门可能会为时间管理带来意想不到的效果。下面的这些方法你可以试一试：

（1）格式化。将你常用的公文、信件、名片档案、表格等设计成相对固定的格式，利用电脑制作成格式化的固定文档。当你需要的时候，只需填空或稍作修改就可以了。

（2）学会说"不"。很多时候你碍于情面，不会客气地说"不"，结果浪费了自己的时间。当你遇到无休止的电话、闲聊、不速之客的时候，你要提醒自己婉转地回绝对方，回到自己最重要的事情上面去。尽量避免无休止的喝酒、打牌、打麻将等有损健康又浪费时间的休闲方式，抽出一定的时间进行旅游、登山、散步、健身等休闲活动，在亲近大自然的过程中，放松自己紧张的身心，积蓄自己的能量。

（3）请人帮忙。不要抱着"万事不求人"的心态。遇到问题或棘手的事情，请朋友或同事帮忙可以大大缩短完成的时间。

（4）避开高峰。乘车、就餐、购物、看病等都有高峰的时候，要尽量避开，合理安排。

（5）善用工具。现代科技为人们提供了很多节约时间的工具，比如电话、电子邮件、QQ、MSN、视频会议、网上购物、网上银行等，都要善加利用。

（6）精于算计。要计算自己的时间成本，比如有时候打个的士可能要多花几十元钱，可是你因此节约了一两个小时的时间值多少钱？有不少琐碎的事情都可以通过用较少的金钱找人代做来换取宝贵的时间，比如如果你收入还可观的话，像洗衣服、接孩子、做饭等，都可以由别人代劳。

（7）远离诱惑。有趣的往往都是不重要的。一些没有任何意义的电视剧、小说、花边新闻等，一些不必要的聚会、闲聊等，要远远地离开它们。

（8）避免争论。有时候，人们常常为了自己的面子，因为一个非原则的问题，或者一个无聊的话题而争论不休，结果不仅伤害了人际关系，还浪费了自己和别人的时间。

（9）过滤信息。信息爆炸的时代使人们在获得大量信息的同时，也因此付出了宝贵的时间，所以，提高自己的信息过滤、采集能力十分重要。日报只需浏览标题即可，或者干脆不要订日报而改订周刊之类的综合性信息刊物更好。给自己固定几个网站和频道，每天只浏览一两个网站即可。

（10）善于等待。日常生活中等待是不可避免的，比如等车、等人、排队、坐车、堵车、候机等，这时候千万不要上火骂娘，应该在等待中思考问题、听听音乐、养养神等。

（11）合理计划。科学利用人体生物钟的规律。以一个主管为例，早晨7点到8点是大脑最清醒和最活跃的时间段，应该在这时做计划，思考一些复杂的问题；上午的工作效率相对比较高，可以安排会议，处理重要工作，起草重要文件；中午尤其是午饭后应该小憩片刻，以缓解疲劳；下午2点至4点是生物钟的又一个小高峰，可以会见客户、处理公文等。接下来的时间则可以处理信件、回电话等，做一些零星的事务。

（12）保持整洁。保持工作场地的整洁、有序、干净。如果你是一个文员，自己的办公用品要规范有序，需要时随手可得；每一个月都要对工作中产生的各种文件、资料等进行整理、分类、归档，没有用的销毁处理；你可以把自己的文件分为红、黄、蓝三类，以区别急办、待办、备查备忘的事务；电脑中的文档也要按照纸质文档的办法进行定期清理归档，将那些备用的文件或资料复制到移动硬盘或光盘上，电脑中只保留对近期工作有用的文档，其他一律清除。如果你是一个操作工人，就要将自己的操作台、工具箱等整理得井井有条，保持工作现场安全、卫生。这些对于树立你干净利落的职业形象很有利。

时间管理其实就是人生管理。彼得·德鲁克说过：不会管理时间就不能管理一切。学习时间管理，目的是希望你未来的历程中，每一天的工作都是有效率的，而每一天的效率都离你未来的目标更接近。

2. 要捕鱼也要晒网

海尔集团有一个著名的管理方法，叫做"OEC"管理法。OEC 是英文 Overall Every Control and Clear 的缩写。即：O——Overall（全方位）；E——Everyone（每人）、Everyday（每天）、Everything（每件事）；C——Control（控制）、Clear（清理）。"OEC"管理法也可表示为：日事日毕，日清日高，即：每天的工作每天完成，每天工作要清理并要每天有所提高。

世界最大的商业连锁集团沃尔玛也有一个著名的法则叫做"日落法则"。沃尔玛的《员工手册》中写道："这条规则说明，所有同事应该在他们收到顾客、商店或者会员店电话的当天日落之前，对这些电话做出答复。这正是我们对顾客做出友好承诺的一个例子，迅速回应顾客表明您关心他们。您不一定要在日落之前解决每一个问题或者完成每一项任务，但应与顾客保持联络，这体现了我们公司的一条基本原则——即我们关心顾客。"

要想取得卓越的绩效，成为一个好员工，你必须认真思考这两个重要的工作法则，并把它们切实有效地化为自己的工作习惯，化为自己的职业潜意识。

▶ PDCA 绩效循环

PDCA 循环又叫戴明环，是由美国质量管理专家戴明博士首先提出的，它是全面质量管理应该遵循的科学程序。PDCA 是英语单词 Plan（计划）、Do（执行）、Check（检查）和 Action（处理或总结）的第一个字母缩写。在你的日常工作中，利用

PDCA 绩效循环方法，可以科学合理地做好工作计划，及时检查发现执行中的问题，总结经验教训，在不断循环的过程中，提高自身的能力和素质，提升职业价值，实现卓越绩效。

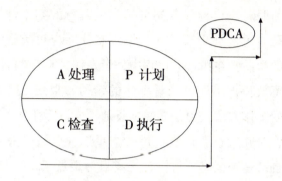

图 3-1 PDCA 绩效循环

PDCA 绩效管理循环，可以运用到长至十年、五年、三年的职业生涯规划，短至一个月、一个星期、一天的工作计划。以一个月的工作为例，每一个步骤要注意以下问题：

第一，目标明确具体。确定目标才能有的放矢，不偏离正确的方向。目标是否明确可以用 SMART 原则来衡量，即 S——Specific（具体明确的），如做什么？什么时间做？达到什么样的标准等；M——Measurable（能够衡量的），尽可能用数字描述，不能用数字描述的也要清晰定义；A——Achievable（可以达到的），根据自身的能力和外部资源供给环境，不要脱离实际；R——Relevant（平衡关联的），月份目标要与自己的年度、半年和季度目标相一致，小目标要符合大目标，不能互相冲突；T——Time-Bound（设定期限的），具体完成的时间要准确。只有这样的目标才算科学合理。同时，还要注意上个月工作中有什么遗留问题、有什么应该注意和吸取的经验教训等，也要纳入本月的目标之中。一般来说，个人月份绩效目标＝公司或部门下达的目标＋自己制订的补充目标，所以，在确定目标计划之前要主动与上级主管充分沟通，得到上司的认可和支持。

第二，执行过程坚定有力。一些重要和比较复杂的工作任务，实施前要对照目标任务制订出切实可行的实施计划，比如分几个步骤？可能会出现什么问题？有什么应对措施？应该寻求什么样的帮助？在执行的过程中，要发扬"四千精神"，要有咬定青山不放松，不达目的誓不休的韧劲和狠劲。同时要注意寻找科学的工作方法，力争多快好省地完成目标任务。

第三，对照检查要认真。每一个星期，要回过头来照照镜子，看看自己是否偏离了目标，是离目标更近了，还是更远了？方法是否科学得当？措施是否已经落实？

第四，进入下一个循环。每到月末，要对自己本月的绩效目标完成情况，做一个认真详细的总结，并主动征求上级主管和同事的意见，特别是批评的建议。如果目标完成了，要总结完成的原因，给自己积极的激励；如果目标没有完成，要总结为什么没有完成，下一个月应该怎么办？看看有哪些好的做法值得继续巩固和发扬，哪些教训应该吸取，哪些工作还有需要改善的地方。总结反省不仅要针对自己的工作，还要针对自己的态度、学习、能力提升等方面。所有这些都要在下一个循环中，实现新的突破，做到与时俱进，不断进步。

▶ 留出时间自省

孔子说"吾日三省吾身"。一个跨国公司的主管在与下属进行绩效面谈时问："你这个月怎么样？"下属说："哎呀，这个月可真是忙得天翻地覆，光是加班都有十来次，好在绩效目标总算超额完成了！"主管说："好是好，问题是你这样忙碌的工作，有没有给自己留下总结思考的时间？"下属摇了摇头。主管接着说："如果你每天给自己留出哪怕十分钟的思考时间，总结反省一下自己，你的绩效可能会有新的提高，你也不会像现在这样忙碌得不可开交了。"

【案例】 印加人的智慧

古印加帝国创造了令人叹为观止的文明成果。它的文明和文明的消失一直是个谜。无数的探险家被这个千古之谜吸引着，古老的南美大陆吸引着一批批的来客。一天，几位探险家雇用了一群当地土著做向导及挑夫，在南美的丛林中找寻古印加帝国的遗迹。尽管背着笨重的行李，那群土著依旧健步如飞。常年四处征战的探险家也比不上他们的速度，每次都喊着请求前面的土著们停下来等一下，探险的旅程就在这种追赶中展开了。虽然探险家总是落后，在时间的压力下，他们也是竭尽所能地跟着土著们前进。

到了第四天清晨，探险家一早醒来，立即催促土著们赶快打点行李上路，不料，土著们不为所动，这令探险家们十分恼怒。

与向导沟通之后，探险家终于了解了其中的原因。这群土著自古以来便流传着一项神秘的习俗，就是在旅途中他们先是拼命地往前冲。但每走上三天，便需要休息一天，向导说："那是为了能让我们的灵魂能够追赶上我们赶了三天路的身体。"经过一番解释后，探险家们展开笑颜，并认为这是这次探险当中最好的一项收获。

凡事全力以赴，使身体发挥出让灵魂追不上的冲动，是做事时最用心、最完美的境界。但是，应该休息时，则要让疲惫的身心获得复原的机会。能掌握奋斗与休息之间的脉动，才是保持无穷动力的宝贵智慧。

所以，当你日夜兼程的时候，请提醒自己：给自己留一些思考、喘息和总结的机会，总结反省会帮助你找到更简单、方便、快捷的通往成功的方法和路径。好员工应该常常自我反省，多总结，多思考，为接下来的工作做好准备。

有一个小男孩，课余时间替人割草，给自己赚些零花钱。有一天，这个男孩打电话给布朗太太说："您需不需要割草？"布朗太太回答说："不需要了，我已有了割草工。"男孩又说："我会帮您拔掉草丛中的杂草。"布朗太太回答："我的割草工已做了。"男孩又说："我会帮您把草与走道的四周割齐。"布朗太太说："我请的那个男孩已经做得很好了，谢谢你，我不能换掉他。"男孩便挂了电话。此时，男孩的室友问他："你不是在布朗太太那儿割草打工吗？为什么还要打这个电话？"男孩说："我只是想知道我究竟做得好不好！"

假如你能够像这位男孩一样，不断地检查、反省、总结自己过去的工作，相信你会做得更好。那么，日常的工作和生活中，应该如何思考和反省自己呢？以每天为例，有三个方法可以参考：

（1）闻鸡起舞的十分钟。每天早上醒来的时候，你可以不要着急起床，让自己坐起来靠在松软的床头上，问自己三个问题：我今天最重要的三件事是什么？我应该如何完成它们？今天有什么事情让我期待和高兴？问自己这些事情，不仅能使一天的主要目标更加清晰，有条不紊地开展工作，而且能让你以阳光快乐的心态面对生命中崭新的一天。

（2）静夜沉思的十分钟。夜深人静之时，你可以冲个热水澡，然后关掉电视，静静地仰卧在沙发上，问自己三个问题："我今天完成了确定的重要目标了吗？今天有什么经验和教训？今天让我最快乐的一件事是什么？"这样做会让你把当天的成功与失败都镶嵌在天花板上，然后安然地进入甜美的梦乡。

（3）养成记工作日志的习惯。其实，你可以把前两项的思考与反省和工作日志结合起来。不少成功人士的经历证明，坚持记工作日志是一个职业人士不可缺少的职业习惯，写日志的过程就是一个思考反省的过程，把当天的工作收获、经验教训用文字的形式记录下来，既可以进一步梳理当天的行为，也方便以后不断温习过去的得失，以更加坚定的信心和心态迎接光明的未来，同时，记日志更是锻炼毅力、磨炼意志、增强韧性的最好方法，关键在于坚持、坚持、再坚持！日志的内容可以分为目标完成、经验教训、学习进步、明天的目标计划、创新灵感等，字数可多可少，全由你自己掌握。

➡ "6S 大脚印"

未来是由现在产生出来的。做好了现在就是做好了未来。未来不会无端地来，它将会从当下的这个片刻产生出来。只要能够保证工作的每一个时间段都有效率，那么，你就会拥有高绩效的一天。活在当下，抓住现在，生命才会有质量、有价值，职业生涯才会充满精彩。

抓住现在，就必须要彻底根除办事拖拉的坏毛病，从现在就开始行动。有的人总是不由自主地把事情往后拖，并且给自己找一些拖拉的借口，比如"今天刮风下雨了""天气太热或太冷了""身体不太舒服了"等，结果今天的事拖到明天，明天的事拖到后天，事情越积越多，小事变成了大事，简单的事变成了复杂的事，容易的事变成了困难的事，甚至是好事变成了坏事。这种遇事拖延的陋习不仅使自己背上了"拖拉机"的坏名声，更重要的是使自己丧失了效率和效能，潜能得不到发挥，最终一事无成。

小明是一家企业的技术员，主要负责图纸的设计工作。他聪明伶俐，反应敏捷，可就是有点拖拉。但他有自己的一套"拖拉哲学"，他认为把事情拖一拖没什么不好，最后关头由于时间限制，会大大提高效率，并且，越是在最后的紧急关头，精力越是集中，一气呵成地完成任务会有一种酣畅淋漓的快感。有一次，科长给他一个图纸设计任务，让他三天内交图纸。本来他在两天内就可以轻松地完成,在他的"拖拉哲学"的影响下,头两天他若无其事地东逛逛,西转转,就是不下手。第三天,当他准备快速结束战斗的时候,单位停了一天多的电,所有的设计数据都在电脑里,结果,被他的科长狠批了一顿。科长摇着头无奈地说:"这孩子啥都好,就是办事拖拉的毛病不好。你看,几次我提名让他当副科长,可是人事科考核的时候总是不过关,反馈的意见是:散漫拖拉,办事靠不住。多好的苗子,硬是让拖拉给拖下去了,真是没办法。"

要想成为一个好员工,就应该多抽时间检查对照一下自己,看看是否有拖拉的习惯。治理拖拉的毛病有以下几个方法:

(1) "6S 大脚印法"。"6S 大脚印法"是海尔的一个独特的生产现场管理方法。6S 的含义是:整理、整顿、清扫、清洁、素养、安全。车间员工每天下班前,都要在 6S 大脚印前召开短会,总结自己一天来是否做到了日事日毕、日清日高,表现好的要站在大脚印上谈体会,表现差的要站在大脚印上做检查。你是否也可以给自己制作一个"大脚印",放在自己的办公桌下,或者放在自己的卧室里,每天工作结束的时候,站在"大脚印"上反省一下自己:今天的事情做完了吗?为什么?

(2) 对外宣布,请人监督。你可以对外宣布你的工作计划,请你的上司、同事、朋友或家人监督,并立下"军令状":"如果到时完不成任务,我一定当众裸奔!"为了不至于那么丢人,你自然会全力以赴。坚持做几次,你就会养成雷厉风行的好作风。

(3) 制订最后期限。给自己每月、每周、每天的每一项工作都制订一个完成的具体时间和最后期限。完成了就自己激励一下自己,比如奖励自己吃个冰激凌;完不成自己惩罚一下自己,比如做 50 个俯卧撑。

(4) 现在行动。根治拖拉的最好办法就是现在行动,当你发觉自己想往后拖的时候，马上警告自己：拖延是无能的表现，拖延会毁掉我的职业前程。我是一个追求卓越的人，我必须现在开始行动！

有个例子。螃蟹、猫头鹰和蝙蝠为了改掉自己的坏习惯，都去报名参加了改正恶习补习班。数年过后，它们都顺利毕业并获得学位证书。不过，螃蟹仍然横行，猫头鹰仍然白天睡觉晚上活动，蝙蝠仍然倒悬着过日子。这是艺术大师黄永玉讲的一个寓言故事，它的寓意很简单：行动比知识重要，现在比未来重要，今天比明天重要。

犹太人的商业圣经《塔木德》中说：我见日光之下，快跑的未必能赢，力战的未必得胜，智慧的未必得粮食，明哲的未必得资财，灵巧的未必得喜悦，所临到众人的，是在乎当时的机会。

昨天是一张过期的支票，明天是一张空头支票，只有今天才是现金。所以，好员工都能够抓住今天，活在当下，积极行动，抓住了今天，也就抓住了明天和未来。

二、精益求精才完美

中学学习古文的时候，学过《庖丁解牛》这篇文章，说的是梁惠王的厨师，他在杀牛的时候，刀子所到之处如行云流水，似乐舞跌宕，一气呵成。梁惠王看到后佩服地说：哎呀，你的宰牛技术怎么这么炉火纯青啊？庖丁回答说：刚开始我宰牛的时候，眼里所看到的只是牛，三年以后我就看不到整头的牛了，现在，我凭着精神和心灵去宰杀牛，牛的生理结构已经了然于心中，而我的牛刀自然会在筋骨的缝隙中游刃有余了。技术好的厨师每年更换一把刀，他们是用刀割断筋肉。一般的厨师每月就得更换一把刀,他们是用刀砍断骨头。如今,我的刀用了十九年,所宰的牛有几千头了,但刀刃仍然锋利如初。即使是这样,每当我碰到筋骨交错的地方,仍然要小心翼翼,集中精力,只有这样才能顺利完成啊!

记得学习这篇文章后,老师还要求我们写了一篇《如何像庖丁那样精益求精》的读后感,这更让庖丁解牛的精彩与神韵深深地印在了我的脑海里。

1. 吹毛求疵不是错

什么是精益求精?"精"就是完美;"益"就是更加,精益求精简单地说就是好上加好。这个成语出自孔子《论语·学而》:《诗》云:"如切如磋,如琢如磨"。宋代朱熹注释说:"言治骨角者,既切之而复磋之;治玉石者,既琢之而复磨之,治之已精,而益求其精也。"精益求精是一种严谨的工作作风,一种精细的工作态度,一种持续完善的意志,更是一条通往完美工作品质的康庄大道。

▶ 向"差不多"说"不"

有一家企业引进了德国设备,德国工程师在设备安装调试验收时,发现有一个螺丝歪了,但是它的紧固度没有问题。我们的工程师认为这没有什么大不了的,所有六角螺丝的固定角度不可能都一丝不差,差不多就行了。德国工程师却坚持说:"不,六角螺丝歪了,是因为在拧这个螺丝的时候,没有按规范标准进行操作"。后来的调查发现,螺丝歪了是由于我们安装工人的操作失误造成的。按照技术操作标准要求,拧这些大螺丝需要两个人共同完成,一个人固定扳手,另一个人拧螺丝。可是我们的操作却是一个人上螺丝,另一个人在休息。

不少人面对工作总是将"差不多、过得去、慢慢来"挂在嘴边,在这种意识的作用下,工作自然会出一些纰漏,而当问题出现后,他们又总是给自己找借口:"不就是螺丝拧歪了吗?又不影响大局""不就是报表里错了一个数字么,下次注意点就行了""不就是文件页码装订错了么,下不为例就是了",如此等等。

我们身边有很多"差不多先生",我们自己也可能有"差不多先生"的影子。关于这类人的性格和状态,胡适先生的《差不多先生传》可谓把这种人刻画得入木三分。在胡适先生的文章里,"差不多先生"是这样的:

差不多先生的相貌和你我都差不多。他有一双眼睛,但看得不很清楚;有两只耳朵,但听得不很分明;有鼻子和嘴,但他对于气味和口味都不很讲究;他的脑子也不小,但他的记性却不很精明,他的思想也不很细密。

差不多先生常常说:"凡事只要差不多,就好了。何必太精明呢?"他小的时候,他妈叫他去买红糖,他买了白糖回来,他妈骂他,他摇摇头道:"红糖白糖不是差不多吗?"

后来他在一个店铺里做伙计,他会写,也会算,只是总不精细,十字常常写成千字,千字常常写成十字。掌柜的生气了,常常骂他,他只是笑嘻嘻地赔小心道:"千字比十字只多一小撇,不是差不多吗?"

有一天,他为了一件要紧的事,要搭火车到上海去。他从从容容地走到火车站,迟了两分钟,火车已开走了。他白瞪着眼,望着远远的火车上的煤烟,摇摇头道:"只好明天再走了,今天走同明天走,也还差不多。可是火车公司未免太认真了。8点30分开,同8点32分开,不是差不多吗?"他一面说,一面慢慢地走回家,心里总不很明白为什么火车不肯等他两分钟。

在现实的世界里,"差不多先生"并不少见。1993年全国小麦价格开始上涨,一家私营面粉厂的业务员来到小麦产区采购小麦,这时产区的一些粮库大都是待价而沽,不想卖粮食。可是经不起这个业务员的纠缠,粮库的负责人说:"粮食有的是,卖给你也行,一吨1000元,你要不要?"这位业务员拿不定注意,他不知道自己出来这半个多月全国的小麦涨到什么价钱了,于是给公司老板发电报问:"一万吨小麦,每吨1000元,价格高不高?买不买?"老板看到电报后生气地对秘书说:"真是乱弹琴,哪有这么高的价格,现在最高的价格也不到900元,给他发电报,就说价格太高!"秘书赶紧跑到邮局发了个电报:"不太高"。

没几天,业务员带着签订的购销合同回来了,老板莫名其妙,追查原因才知道,秘书发电报时"不"字的后面少了个句号。如果履行合同势必给公司带来100多万元的经济损失,后来经过多次协商赔偿了对方15万元才算了事。当然这位秘书不久就被辞退了,而他在当地再也无法找到工作,不得不远走他乡。

是啊,"不太高"和"不。太高"不是差不多吗?可是就是差了一个小小的句号,表达的意思却相差十万八千里,这位"差不多先生"也只好背井离乡了。

李嘉诚先生说:胡适的"差不多先生"已变异为病毒,通过其散播,感染越来越多的人。病毒强烈的僵化力使脑筋原本聪敏的人思想停滞,神志昏沉,庸庸碌碌地度日。"差不多"是一种折损人灵魂的病,令人闲散。

要想超越自我,做最好的自己,你必须坚定地对"差不多"说"不!"通往优秀和卓越的道路还很漫长,还很崎岖,你千万不可以放纵自己!

➡ 找到最佳方案

小方毕业于一所名牌大学的广告专业,科班出身的他顺利地被一家国内知名企业聘用,在公司的市场推广部负责文案工作。这家公司的政策很开明,如果员工觉得自己具备升职或加薪的条件,自己可以提出申请。小方在公司已经两年多了,感到自己已经具备了升职和加薪的条件,就向上司和人力资源部提出了书面申请。

一天,上司让他起草一个公司产品春节市场推广方案,然后在部门里的头脑风暴会上供大家讨论。像往常一样,他仅用一天多的时间就起草完毕。当他兴冲冲地把方案交到上司的手中时,上司看了几分钟,又把方案交给了他,让他重新写。

这次,他用了两天终于把方案做了出来,他为自己的用功和才气感到有些得意,心想,这回估计能通过了吧。当上司看完他的方案后,问他:"这是你做的最好的方案吗?"小方一愣,二话没说,拿起了方案走出了上司的办公室。

他又用了一天多的时间,补充了原来方案中没有的一些市场数据,并增加了对可能出现的问题的应对预案。这一次,小方对自己的方案感到很满意。当上司认真看了方案后,还是那一句:"这是你做的最好的方案吗?"这么一问,小方还是感到心里没底,不知道说什么才好。上司说:"还是再下下功夫吧!"

接下来,小方花了两天的时间,还加了一个大夜班,对市场推广中的所有细节问题一一进行了分析,并添加了详细可行的操作与监督措施,然后,他又字斟句酌地将方案润色了一遍。上司花了半个多小时看完了方案,问小方:"你能肯定这是你做的最好的方案吗?"小方语气坚定地回答:"我肯定,这是我做的最好的方案!"这时,上司拍着他的肩膀说:"要的就是你这句话,这个方案通过了!"小方这才喘了一口气,当他转身准备离开时,上司叫住了他:"你的申请我已经看了,如果你能发扬做最后这份方案的精益求精的精神,实现自己的愿望并不是什么难事。小伙子,要加油啊!"

做到最好其实并不难,关键是要有这种精益求精的意识。

你亲手做的每一个方案、每一个计划、每一个零件，其实都是你自身品牌的标志，它们代表着你的形象、性格和气质。没有人喜欢粗制滥造的东西，也没有人喜欢粗枝大叶的人。当你用自己的聪慧才智创造出每一件完美的作品时，就可以信心满满地说："我是最好的！这是我的杰作！"如果你能够坚持不懈地训练自己的精品意识，你就会拥有无可匹敌的绝活和绝招，升职和加薪还用自己申请吗？

【案例】 王永庆卖大米

王永庆小学毕业，在米店当学徒。一段时间后，用父亲借来的200元钱做本钱，自己开了一家米店。当时大米加工技术很落后，出售的大米里掺杂着米糠、碎石等杂物，不过买米的人也都习惯了这样的状况。可是，王永庆却不这么想，他觉得如果自己把米中的杂物挑拣干净，大家肯定会更加喜欢买自己的大米。这之后，每当大米加工出来，他总是一个不漏地把那些杂物拣得干干净净，果然，来他这里买米的人越来越多了。

当时，所有的米店都不提供上门服务，而王永庆则觉得把大米送上门肯定还会卖得更多。于是，他开始挨家挨户上门销售。王永庆是个用心的人，每个顾客家里有多少人、一个月吃多少米、什么时候发工资等情况，他都在本子上记录得一清二楚。计算着客户家的米快吃完的时候，他就送米上门，等到客户发工资的日子，他再上门收取米款。

在送米到家的时候，他总是先帮人家将米倒进米缸里。如果米缸里还有米，他就将旧米倒出来，将米缸刷干净，然后将新米倒进去，将旧米放在上层，这样就保证了吃陈储新，防止了旧大米发霉变质。王永庆这些细微的服务赢得了顾客的好评，他的忠诚客户也越来越多，生意自然也越来越好。

第三章 好头脑不如好习惯

> 正是凭着这种精益求精、无微不至的卖大米精神，王永庆从一间小小的米店起步，最终成为了闻名世界的塑料大王。

➤ 每天进步1%

戴明博士提出了全面质量管理的理念，但是，他的管理思想在美国并没有多少市场。当他来到日本讲学时，受到了日本各界特别是企业界的热烈欢迎。日本人遵循戴明的质量管理原则，持续地提高产品质量，经过20多年的不懈努力，终于在全世界树立了日本产品高品质的形象。日本人把他们经济振兴的成就归功于戴明博士，并将其国内企业界最高奖项命名为"戴明奖"，以此纪念和感谢戴明博士对日本经济重新崛起的贡献。

当一些美国人无法理解日本的经济奇迹，询问戴明博士教给了日本人什么样的秘诀时，戴明博士淡淡地说："没有什么，我只是告诉日本人，每天进步1%，如此而已。"

戴明博士认为产品品质不仅仅要符合标准，而是要无止境地每天进步一点点。其实，对于每天进步1%这一理念，古代先贤已有论述，文韬武略的商汤王就在他的洗澡盆上刻下了"苟日新，日日新，又日新"的座右铭，用来提醒自己每天都要坚持进步，不断创新，不断提高。没有人不知道毛主席"好好学习，天天向上"这句话，但是真正能做到的人就屈指可数了。

"骐骥一跃，不能十步；驽马十驾，功在不舍。"成功与平庸之间的差别，可能就在这小小的1%之间。如果你能在每个阶段，都瞄准一个改善的目标，比如，克服自己的懒惰恶习，坚持每天勤快1%，那么每月就是30%，几个月之后，你就会完全变成一个勤奋用功的人。比如，克服自己马虎的恶习，每天认真1%，那么，几个月之后，你就会彻底成为一个严谨认真的人。如果你能够持续坚持这么做，三个月养成一个好习惯、一种好品质、一项好技能，那么，要不了几年，你的个人素质将会发生天翻地覆的根本性变化，你的人生和职业生涯将从此踏上卓越之路。同理，在工作过程中，假如你也遵循这一理念，自己的每一项工作都坚持每天进步1%，每天都有新的进展和提高，那么，你的工作质量将会持续提高，你的工作作风将会得到同事的赞美和上司的欣赏，你也可以无愧地进行自我激励："我就是一个真正的好员工！"

【案例】 孔祥瑞操作法： 10秒＝1600万元

2006年国庆节前夕，天津港煤码头公司操作一队队长孔祥瑞，光荣地站在"中华技能大奖"领奖台上，接受国家对一名知识型产业工人的嘉奖。

孔祥瑞长得高大威猛，但工作起来却心细如丝。他在每天的工作中，总是要想着能不能更快一点？更好一点？更省一点？更多一点？"爱琢磨事儿"是孔祥瑞的职业习惯，但是很多事经他一琢磨就会琢磨出不一样的名堂来。

2001年，天津港提出了吞吐量冲击亿吨的年度目标，作为当时全港最大的装卸公司，孔祥瑞所在的六公司承担的作业量达2500万吨以上，这就意味着公司18台门机的任务总量要增长30%。本来就已经满负荷的门机还要增加三成的工作量，这种可能性非常小。然而，孔祥瑞并没有放弃，他固执地认为门机上还有文章可做。

反复观察后，孔祥瑞发现门机抓斗在放料时，纵向斗瓣先打开，继而横向斗瓣打开，一前一后间，起升动作会出现10秒钟左右的停滞。如果能把这个作业空挡利用起来，就会提高工作效率。这一发现令他欣喜异常，于是他与队里的技术骨干共同研究，把抓斗起升、闭合控制点合二为一，并将主令控制器手柄移动轨迹由"十"字形丰富成"星"字形，在抓斗打开和提升的两个轨迹之间增加一个新轨迹，让上述两个动作沿新轨迹运行，用一个指令同时完成。

在无数次的设计、实验、调整、修改和完善之后，门机每完成一次作业可以节省时间15.8秒，这样平均每天就可以多运480吨，当年就为公司创效1600万元。2002年，"门机主令器星形操作法"被天津市总工会以孔祥瑞的名字命名，成为天津市职工十大优秀操作法之一。

正是这种每天进步1%的信念，使孔祥瑞不断地超越昨天的自己，不断地改进自己的工作方法和工作技巧。这个只有初中文凭的普通工人取得了150多项科技成果，为企业创造效益8400多万元，成为了名副其实的自学成才、勇于创新、不断进步的"蓝领专家"。

"天行健，君子以自强不息。"成功是一个过程，每一天都是起点，没有终点。在这个过程中，只要坚持"每天进步1%"的原则，你就会在成功的过程中持续不断的前进。不要小看这1%，每天1%的改变，将会使你不断地靠近辉煌的职业目标。

2. 创意总在细微处

创新就是要走前人所没有走过的道路，开创前人所未能开创的事业，达到前人所没有达到的高度。

好员工都是善于创新的人，他们敢于冲破传统思维的牢笼，勇于挣脱陈旧经验的束缚，善于尝试与众不同的方法，从而在为企业带来可观效益的同时，也开创了自己光明的职业发展之路。

▶ 小职员有大创意

不少人对创新充满敬畏，甚至认为创新可望而不可即，创新是一些科学家、艺术家以及商界精英们的特权，与普通人无关。结果为自己设置了创新的思想障碍，浪费了自己的禀赋和才能。所以，要提升自己的创新意识和创新能力，必须首先打破对于创新的一些错误认识。

有的人认为，创新是天才们的事情。其实，智力与创造力只在一定范围内相关。研究表明，具有正常智商的人，也就是具有基本计算、推理、判断、想象和思考能力的人，都具有创新的能力。1952年前后，日本的东芝电气公司积压了大量的电扇卖不出去，七万多名职工为了打开销路费尽心机，依然进展不大。有一天，一个小职员向当时的董事长石坂提出了改变电扇颜色的建议。在全世界都是黑色电扇的时代，把黑色改为彩色的建议立即被公司采纳了。第二年夏天东芝公司推出了一批浅蓝色电扇，大受顾客欢迎，市场上还掀起了一阵抢购热潮，几个月之内就卖出了几十万台。论智力、论经验、论能力，这位小职员也许都无法与公司的高管、工程师们相比，但正是这个小职员的一个创意使公司渡过了难关。

有的人认为创新就是发明。其实，发明应该是创新的一个环节，而不是创新的全部。在对社会进步与经济发展的作用方面，创新比发明有着更大的作用。因为，创新是一个经济学范畴的概念，必须对经济和社会的发展进步有作用、有收益才叫创新。新产品虽然很新颖，如果不能在市场上成功推广，没有经济效益，这只能叫发明创造，而不是创新。其次，发明是一个绝对的概念，强调"首创"或"第一"。而创新是一个相对的概念，它不必像专利那样要查清是不是"第一"或"首创"，所以你完全可以结合自身工作和企业状况的现实，在模仿中完善技术和产品，并取得良好的效果，这个过程也是创新。

还有的人认为创新就是产品创新、技术创新，就是高科技，就是产品研发或者解决技术难题。应该说，新产品和新技术是企业创新的主要内容，但并不是全部。企业的使命是组织社会资源并创造社会财富，所以，整合与运作各种资源的能力对企业的成功至关重要。戴尔电脑公司刚创建时也没有自己的工厂，可以说一没有技术，二没有产品，但戴尔凭借"个性化定制，全球化生产配送"的创新商业模式，最终在全球PC市场站稳了脚跟。因此，制度创新、方法创新、模式创新、组织创新、流程创新、机制创新等"软创新"，有时甚至比技术与产品创新之类的"硬创新"显得更为重要。

要让自己的思维活跃起来，时时有新鲜的创意，就必须消除上述种种误解，不能把创新等同于发明，使创新活动钻进高精尖的技术胡同，而忽略了市场的需求；不能一味地追求创新的重大突破，而忽略了简单、平常、微小但却有着积极意义的小创新；不能认为创新就是关起门来闹革命，而忽略了团队成员的内部合作以及团队与外部沟通的机会；不能认为创新是少部分精英分子的责任，而忽视或剥夺了自己的创新责任；不能仅仅把创新局限在产品、技术、工艺等方面，要认识到企业和团队的方方面面、角角落落都需要改进、突破和创新。

➡ 别让经验害了你

创新就要突破思维定式。在平时的工作中，也许你总是自觉不自觉地被一些固定的模式所限制、所束缚，这种封闭的、守旧的思维定式是创新的最大障碍。就像一头狮子在铁笼内呆久了，哪怕你打开笼门，它也不愿意出去。它没有看到，在笼外有着更为辽阔与精彩的世界。

有这样的一个寓言故事：一头驴子背着盐过河，在河边滑了一跤跌在水里，盐溶化了，驴子站起来时，感到背上的担子轻了许多，驴子非常高兴。又有一次，它背了棉花过河，以为可以像上次一样，于是走到河边的时候，便故意跌倒在水中。可是棉花吸收了水，变得越来越沉，驴子非但不能再站起来，反而一直向下沉，结果被淹死了。

驴子为何会被淹死？每一个人都能够看得出，很重要的一个原因是它机械地套用经验,受了经验思维定式的影响,没能对经验进行改造和创新。思维定式会让人产生孤陋寡闻的骄傲。

在一个偏僻的小乡村,村子里最漂亮的姑娘被村民当作是世界上最美丽的人,她就是世界上美丽的化身——维纳斯。在没有看到别的更漂亮的姑娘之前,村民们很难想象出世界上还有比她更美丽、更漂亮的人。这就是思维定势产生的"乡村维纳斯效应"。村民们的看法在村子里是真理,但出了村就可能是谬误。

你也许习惯于每天走同一条路上班,可是如果换一条路走,就会发现新的风景;你也许习惯于用同一种方法解决类似的问题,可是如果换一种方法,就会得到新的收获;你也许习惯于迷信大师、专家的至理名言,可是如果认真思考一下,就会意识到有时他们说的并不完全正确。

"无知是福"这句话有一定道理,人们不知道事物应该是什么样子,也就不受旧有认识的阻挠,就能发现专家观点中的错误或发现从未想到过的东西。当伍日照在无知之中开设香港首家麦当劳餐厅时,经验老成的竞争对手对此嗤之以鼻:"卖汉堡包给中国人?有没有搞错呀!"一次,在接受采访时,他对记者说他最初的成功可能就是因为自己缺乏全面的管理训练。目前,他经营着香港一百五十多家麦当劳餐厅。

【案例】 虚掩的门

在一家公司,第八层楼那个没挂门牌的神秘房间是谁也不敢进去的。因为在很早以前老板交代过,任何人都不可以进去。尽管大家百思不得其解,但还是都遵守着这一规定,没有人知道为什么。

公司刚刚招聘了一个年轻人做业务员,人事部主管给他交代了工作后,对他神秘兮兮地说:"告诉你件事,咱们八楼的那个没有牌子的房间,你可千万不能进去。"小伙子纳闷地问:"为什么?"人事主管说:"不为什么,老板说了,任何人都不能进去。"过了几天,小伙子想起了这件古怪的事,心想那个房间又不是办公用房,也不是什么机密档案存放地,有什么大不了的。他越想越觉得应该去看看,这时身边的同事劝他:"别那么较真儿,既然老板不让去肯定有他的道理,别拿着鸡蛋往石头上碰啊,小心被炒了鱿鱼!"

可是小伙子执意要去,他来到了八楼那个房间的门前,轻轻地叩门之后见没有应声,就随手推了一下,门开了,原来门是虚掩着的。只见房间的中间有一张桌子,布满灰尘的桌子上放着一张纸条,上面用红笔写着几个字:"拿这张纸条给经理。"

小伙子更加迷茫,既然来了就做到底吧。于是,他拿着纸条去了总经理办公室。第二天,老板召开公司大会,当众宣布任命这个小伙子为销售部经理。老板的理由是:销售是最需要创造力的工作,只有不被条条框框限制住的人才能胜任,我等这个人已经等了半年多了。后来,这个小伙子果然没有让老板失望,他带领销售部的人员南征北战,为公司打开了一片新的天地。

这个案例当然不是教员工与领导作对,而是要大家明白,很多的大门都是虚掩着的,如果你敢于打破条条框框的思维定式,勇闯禁区,成功也许就在眼前。

思维定式是指人类思维深处存在的一种保守的力量,人们总是习惯用老眼光来看新问题,用曾经被反复证明有效的旧概念去解释变化着的世界的新现象。不去尝试,不敢冒险,因循守旧,大好的时机和自身无限的潜能被白白地浪费,挫折和失败的悲剧肯定不可避免。你是否经常到同一个商场购物或到同一个市场买菜？你是不是换来换去总是穿着那几件衣服？你想过改变一下吗？现实生活中，大部分人喜欢走老路，在一条道上走到人生的尽头。如果你总是生活在思维定式的世界里，对世界的变化视而不见，即使有一百个苹果砸到你的头上，你也不会发现万有引力定律，即使洗一百次澡，你也不会悟出浮力的原理来。其实，换个位置，换个角度，换个思路，也许你面前就是一片崭新的天地。

你想尝试一下突破自己的思维定式框架吗？请你用四条直线把下图中所有的九个点连接起来。要求：（1）不能移动任何点；（2）连线必须一笔完成；（3）连线画完前，笔不能离开纸面。如果你第一次见到这幅图，并能独立完成，顺利地连出来，你就是一个具有创新意识的人，你连出的图就是美国创新创造协会的会标。

图3-2　神秘的九子图

创新就要勇于自我超越。自我超越不是一种能力，而是一个过程。这个过程的动力就是创造性张力，是突破极限的自我实现，是个人成长的学习修炼，是不断重新聚焦、不断自我增强的过程。

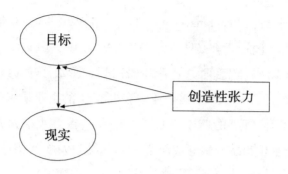

图 3-3 自我超越

在这个自我超越的过程中,要建立自己对于未来的个人愿景,认清目前的客观现实,找到超越现实、改变现状的创造性张力,发现自己的优势和潜力,进而建立起突破瓶颈、创造崭新未来的强烈信心和欲望。所以,好员工应该不断地在知识、能力、态度、绩效、方法等方面深刻地反省、检讨自己,看看自己该如何改变现状,制订有利于发挥潜力,有利于企业增效的创新计划。

表 3-3 自我超越自查表

	我的现状	我的理想状态	差距分析	创新计划
知识				
能力				
态度				
绩效				
……				

▶ 创新也该有技巧

下面介绍几种日常工作中比较实用的创新方法:

标杆创新法:

标杆管理（Benchmarking）方法产生于20世纪70年代末80年代初美国企业"学习日本经验"的运动中，由施乐公司首开标杆管理先河，随后西方企业纷纷跟风，形成了"标杆管理浪潮"。据统计，全球500强企业中有近90%的企业采用了标杆管理方法。标杆管理的基本思想是：以那些在行业中领先和最有名望的企业在产品、服务或流程方面的绩效及实践措施为基准，树立学习和追赶的目标。

榜样的力量是无穷的。把标杆管理运用到个人的创新过程中，实质上意味着一种激励自我、定点赶超的学习与创新程序。你应该不断寻找和研究自己身边的、公司内外的一流的业绩榜样，研究他们的关键绩效行为、工作方法和经验等。对比分析自身与这些榜样人物之间的差距，分析绩效差距的形成原因，在此基础上重新设定自己的关键绩效指标，实施自我绩效创新改善计划，促进自己不断进步并保持强劲的职业竞争力。"标杆创新"的实施一般包括四个步骤、十一项工作（图3-4）：

1. 前期准备	2. 标杆规则	3. 标杆比较	4. 创新实施
1. 坚定改善信心； 2. 明确创新目标； 3. 制定标杆创新工作计划；	4. 评估绩效现状与差距； 5. 确定内部或外部标杆对象和目标；	6. 搜集整理标杆资讯； 7. 对比标杆对象分析绩效差距及其原理； 8. 研究标杆对象的成功经验与做法；	9. 拟订标杆绩效赶超目标； 10. 结合自身实际，借鉴标杆对象的经验，制定创新实施计划； 11. 评估创新成果。

图3-4 标杆创新的四个步骤

PFS创新法

在日常的工作实践中，你跟所有人一样，经常会被各种各样的问题所包围，有时甚至被弄得焦头烂额，疲惫不堪；也会时常遇到一些挫折甚至失败，并为此而沮丧伤神；还会收获自己成功的喜悦和快乐，或羡慕他人成功的机会。其实，问题的背后是机会，失败背后是机遇。如果你改变对问题、失败、成功的传统看法和态度，以更积极的心态对待它们，用学习与创新的行动去迎接它们，那么，你自己的绩效可能就会大为改观。

所谓 PFS 创新法就是研究问题（Problem）、学习失败（Fail）、借鉴成功（Success）的简称，它从创新进步的视角对问题、失败和成功进行重新认识和思考，并通过持续的目标明确的创新实践，找出自我绩效提升与能力提高的途径和方法。

PFS 创新方法分为四个步骤，具体内容如下表：

表3-4 PFS 创新方法的四个步骤

	问题 (自己的、别人的)	失败 (自己的、别人的)	成功 (自己的、别人的)
确认事实	谁遇到了问题？ 遇到了什么问题？	谁失败了？ 在什么方面失败了？失败程度如何？	谁成功了？ 在哪些方面成功了？
分析原因	为什么会出现问题？ 具体原因是什么？	为什么会失败？ 具体原因是什么？	为什么会成功？ 具体原因是什么？
对照反省	以前是怎么做的？ 效果好吗？	有什么具体教训？ 有什么新的发现？	有什么成功经验？ 有哪些遗憾和不足？
创新提高	问题里面有什么可以利用的机会？应该制订什么样的改善计划？	如何吸取教训？ 如果可以重来应该如何做？	如何借鉴成功经验？ 如果重来一次可以做得更好吗？怎样做得更好？

建议你依上表建立一个学习创新手册，留住以往的经验、

教训和反省的鲜活案例，形成记忆与知识，供以后的实践借鉴和分享。

其实，创新并不神秘，也并非高不可攀。圣地亚哥有一家艾尔·柯齐酒店，因为电梯不够使用接到了许多顾客的投诉，营业额连续下降。于是酒店请来了很多专家商量对策。经过一番考察后，专家们一致认为，要多添一部电梯，最好的办法是在每层楼打一个大洞，在地下室多装一个马达。正当专家们在大厅研究具体实施细节的时候，一位扫地的清洁工说："每层楼都打个大洞，不是会弄得乱七八糟吗？况且还会影响酒店的正常营业。"工程师说："这是没有办法的事，你还是干好自己的活吧！"这时，清洁工手握拖把说："要是让我设计的话，我会把电梯装在酒店外头，又节省地方，又不耽搁酒店正常营业，如果把电梯四壁都造成玻璃的，既美观大方，又能让顾客看到外面的风景。"专家们顿时愣住了。就这样，世界建筑史上第一部观光电梯在清洁工的创新思维中诞生了。

日常工作中，只要处处留心，勤于思考，创新无处不在。日本狮王公司有一个叫加藤信三的员工，有一次，他急着去上班，匆忙刷牙时把牙龈弄出了血，这让他十分生气。上班的时候，他和几个要好的同事提到此事，大家都表示有相似的经历，于是，他们开始着手解决刷牙时牙刷伤及牙龈的问题，为公司产品质量的突破尽一份力量。

之后，加藤信三和同事们想了不少的办法，如把牙刷毛改为柔软的狸毛等，但效果都不太理想。有一次，当他们在放大镜底下仔细观察牙刷时，发现刷毛顶端是四方形的，加藤想："如果把刷毛的顶端改成圆形的也许能解决问题！"经过反复实验后，加藤正式向公司提出了改变牙刷毛顶端形状的建议，公司马上采纳了这个建议。改进后的狮王牌牙刷，在广告宣传的配合下，销售额一路飙升，市场占有率占全国同类产品的40%

左右,加藤也由普通职员晋升为科长,十几年后他成为该公司的董事长。

【案例】 "和田创新十二法"

"和田创新十二法"是上海市和田路小学的教育工作者们在创新教育实践中总结出来的经验,非常值得我们在实践中学习和借鉴:

加一加——在原有的基础上加一点;减一减——减轻、减少,省略不必要的;扩一扩——在功能、用途等方面扩展一下;变一变——变换方式、手段、程序等;改一改——针对现有的做法提出意见、建议,以便做得更好;缩一缩——压缩、缩小、降低;联一联——看看事物之间有什么联系?学一学——借鉴、综合别人的做法;代一代——用别的工具、方法、材料能不能代替;搬一搬——移动一下位置或换个方向;反一反——将顺序、结构、方法、颜色等进行逆向思考,说不定会更好;定一定——将界限、标准重新界定。

一些司空见惯的小事,如果试着运用创新思维改变一下,就会取得意想不到的成功。所以,要想成为一名高效能的成功人士,你就不能被经验束缚、被权威吓倒,更不能被传统和规则禁锢。只要你善于打开思维的天窗,放飞灵动的翅膀,运用发散思维、联想思维、逆向思维等创新思维方法,对任何事物和工作多问一些为什么,向左、向右、向上、向下,多一点、少一点,高一点、低一点,大一点、小一点,重一点、轻一点,宽一点、窄一点,歪一点、斜一点,加一点、减一点,如此等等,举一反三,触类旁通,你的想象力和创造力就会跃入更大和更广阔的空间,你的工作就会事半功倍,你的绩效就会出现几何倍增的效果。

【好员工修炼自我检测】

序号	检测项目	存在问题	改善计划
1	日常工作中,我有按优先排序安排工作的习惯吗?我是否能够抓住生活和工作中的"大石块"?		
2	我是用80%的时间在做20%对我来说最重要的事情吗?		
3	我的时间在四个象限是如何分配的?第三、第四象限的时间有多少?		
4	我是一个"消防队员"吗?		
5	日常工作中我做好第二象限的事务了吗?我是一个善于管理时间的人吗?		
6	我每天总结自己的工作吗?我做到了日清日高了吗?		
7	我是否坚持按照PDCA循环来管理自己的绩效了?		
8	我是否抓住了现在的时间?是否有拖延的习惯?		
9	我是"差不多"先生吗?		
10	对每一项工作我能够坚定地说:"这是我做得最好的"吗?		
11	我是否能够做到每天都比昨天进步一点点?		
12	我能够主动检查自己的工作状况,做到不断改进、不断超越自我吗?		
13	我对工作创新有什么认识?我是一个善于创新的人吗?		
14	工作中我是否习惯性地找一些更新的途径和方法?		
15	我应该如何用标杆学习创新的方法提高自己的绩效?		
16	我应该如何从成功和失败的经验教训中获得提高绩效的能力和技巧?		

第四章

找对"贵人"结善缘

不能在社会中生活的个体,或者因为自我满足而无须参与社会生活的个体,不是野兽就是上帝。

——亚里士多德

一个人行走在职场，有时会感到很无助，总希望关键的时刻能够有"贵人"帮上一把，困难的时候能够有"贵人"支持一点，迷茫的时候能够有"贵人"指点一下，履新的时候能够有"贵人"送上一程。"贵人相助"确实是一个职场人士取得卓越绩效和辉煌人生的关键。

冥冥之中，人人都对"贵人"有一种神秘的期待，甚至幻想着有一天"贵人"像天使一样降临自己的身旁，关切地问自己："你好，你需要什么帮助吗？"其实，"贵人"就在自己身边。你的老板和上司，你的同事和下属，你的同学和朋友，你的亲属和老乡，你所服务的客户和为你服务的客户，甚至是你的竞争对手，都是你职业和事业中的"贵人"，只要你善待他们，他们也会关照和善待你。

好员工总能得到"贵人"的帮助，因为他们用自己的爱心与真诚建立了自己强有力的工作与事业支持系统，他们的好人缘为他们营造了良好的人际关系环境。因为在工作中总是能够左右逢源、如鱼得水，好员工开创了自己职业生涯的美好未来！

一、高情商换得好人缘

在生活中，常常会有这样一种现象：一些智商很高的人并不见得做成大事，而恰恰是那些智商平平、情商很高的人能取得更大的成就。为什么呢？因为智商高的人一般都是某个方面的专家，而情商高的人却具备一种综合与平衡的能力。如果以中华古训来解释，那就是一个成功的人应该是一个既会做事又会做人的人情练达的人。

在美国流行一句话:"智商决定录用,情商决定提升。"事实上,智商和情商都很重要。只不过,在今天这个竞争激烈、人际关系复杂的社会中情商显得更为重要。在职业的道路上,所有人都不可避免地要和很多人打交道,情商对于职业人士来说是一项十分重要而又必不可少的职业素质,一定程度上来说,智商决定一个人的职业深度,而情商则决定着一个人的职业高度,高情商是取得高绩效、大成就的基本条件。

一般来说,一个人的情商包括五个方面:自我认知能力(自我觉察)、自我控制能力(情绪控制力)、自我激励能力(自我发展)、认知他人的能力(同理心)、人际关系管理能力(领导与影响力)。那么,日常工作和生活中,要管理和提升自己的情商,建立良好的人际关系,在贵人们的帮助下取得显著的绩效,就要从情商的各个方面入手来提高自己。

1. 扼杀不良情绪

有这样一个关于情绪管理的故事。从前,有个脾气很坏的小男孩。有一天,他父亲给了他一包钉子,要求他每发一次脾气,都必须用铁锤在他家后院的树桩子上钉一颗钉子。第一天,小男孩一共在树桩子上钉了37颗钉子。

几个星期过去了,由于学会了控制自己的愤怒,小男孩每天在树桩子上钉钉子的数量逐渐的减少了。他发现控制自己的坏脾气比往树桩子上钉钉子要容易多了……最后,小男孩的脾气渐渐变得温和了。

他把自己的转变告诉了父亲。他父亲又建议说:"如果你能坚持一整天不发脾气,就从树桩子上拔下一颗钉子。"经过一段时间,小男孩终于把树桩子上所有的钉子都拔掉了。

父亲拉着他的手来到树桩子的旁边,对小男孩说:"儿子,你做得很好。但是,你看一看那些钉子在树桩子上留下的那么多小孔,树桩子再也不会是原来的样子了,当你向别人发过脾气之后,你的言语就像这些钉孔一样,会在人们的心灵中留下疤痕。你这样做好比用刀刺向了别人的身体,然后再拔出来。无论你说多少次对不起,那伤口都会永远存在。其实,恶意的言语对人们造成的伤害比肉体上的伤害更严重。"

这个故事说明了这样一个道理:谁也不愿意自己的心灵被"钉"得千疮百孔。如果你渴望有一个好人缘,那么,你就要注意并控制好自己的脾气与嘴巴。

有的人很容易激动,很容易生气,动不动就发脾气,甚至是暴跳如雷、怒发冲冠。应该说有情绪是正常的,没有情绪是不正常的,但是,你应该时刻意识到你是一个社会人,当你发泄情绪的时候,一定要考虑一下别人的感受,人缘好的人都是能够并善于控制不良情绪的人。当你因为气恼、愤怒将要发脾气的时候,可以通过以下两个方法让自己平静下来:

首先,问自己四个问题:我现在是什么情绪状态?这种情绪会带来什么消极后果?应该如何控制?是否有更为妥善的双赢解决方式?

其次,找一个平静心情的法门:每个人都有各自的途径使自己静心,每个人都需要找到一个最适合自己的平静心情的方式,比如幽默地对人说:"你看我这个人,说着说着又开始激动了,你别介意啊!"还有一些话可以帮助你控制情绪,比如"等咱们冷静下来时再继续讨论,好吗?""这样吧,我先出去办点事,回来再说好吗?"还可以自己对自己说:"不要发脾气,发脾气不仅无济于事,反而会使事情更糟!""人家也不是有意的""人家也有难处啊"等。

【案例】 冲动惹来的惩罚

物流经理小程的自述：

在我的职业生涯中，尽管经历了不少风风雨雨，但有一件事情让我至今仍记忆犹新。

那是我工作的第一家公司，当时我担任仓库主管。一个星期天，我们加班对公司的材料库进行盘点，作为主要负责人的我对盘点事项做了详细的安排。大家在闷热的材料仓库里有条不紊地进行着各项工作。不知什么时候我的上司来了，简单的巡视之后，否定了我的计划，马上叫所有人员都停了下来。我于是开始跟他解释说我的方法是经过深思熟虑的，一定会取得让他满意的效果。他立即不高兴，不耐烦地命令我："不要再多说了，照我说的去做！"眼看着他的指示不可行，我就据理力争，接下来我们发生了激烈的争吵，双方都弄得脸红脖子粗。"你是头儿，你当然说了算，那你就让他们按你说的去做吧！"我说完了这句话就愤然地离开了仓库。

后来我知道，大家还是按照我原来的方法顺利完成了工作。可是，从此之后，每次加薪或晋升的机会总是和我擦肩而过。再后来，我选择了离开这家公司。在办理完交接手续之后，我心平气和地跟上司做了一次诚恳的谈话，并且还客气地相互祝愿一番。走出上司办公室的时候，我还是忍不住问了上司一句："我的加薪与晋升无望是不是因为那件事？"上司不置可否地说："小伙子，你以后也会走上更高的职位，要记住，大庭广众之下，没有哪个当领导的愿意被人顶撞和冒犯，即使只有一次！"看得出，他说这话的时候显得有些窘迫和尴尬。

有一副对联是这样说的：不会认真是花子，事事无成；不懂圆通是木人，处处有碍。前一句我应该是做到了，后一句我确实没有做到。我们在职业生涯的路上，只有领悟方圆之道，才能求得风调雨顺。这里我不怪上司的心胸，我只能反省自己，是自己的冲动惹了祸，这次离职的教训用一句歌词来概括就是"对冲动的惩罚"。

总之，在遇到不良情绪的骚扰时，一定要记住三条：第一，先处理心情，再处理事情；第二，不要把工作中的不良情绪带回家；第三，不要把家庭中的不良情绪带到工作上。这是一个训练有素的职业人士所应该具备的职业素养。

2. 学会倾听

我们出生之后，父母亲教我们的第一项生活技能就是说话。当我们第一次喊出"爸爸"、"妈妈"时，父母亲脸上露出了幸福的笑容。于是，我们的话说得越来越好，以至于我们忘却了另外一项十分重要的生活技能——倾听。

每个人都有"听话"的能力，却不见得都有倾听的功夫，如果你能练就倾听的真功夫，不论环境有多恶劣，不论人际关系有多复杂，你都可以化繁为简，直接掌握到最重要的核心信息。

倾听不仅是用耳朵听到声音的过程，更是一种情感活动，需要通过面部表情、肢体语言和话语的回应，向对方传递一种信息——我很想听你说话，我尊重并关心你。

巴顿不仅是一位骁勇善战的将军，而且对自己的部下和士兵也十分关心。有一次，他去视察士兵食堂，想看看部队的伙食如何。在食堂里，他看见两个士兵站在一口大汤锅前。"让我尝尝这汤！"巴顿将军命令道。

"可是，将军……"士兵正准备解释。

"没什么'可是'，给我勺子！"巴顿将军拿过勺子喝了一大口，怒斥道："太不像话了，怎么能给战士喝这个？这简直就是刷锅水！"

"我正想告诉您这是刷锅水，没想到您已经尝出来了。"士兵答道。

只有善于倾听，你才不会做出像巴顿将军"尝汤"这样愚蠢的事！只有善于倾听，你才能从上司、同事、下属、朋友和家人那里得到有价值的建议。那么，应该如何提高自己的倾听的技巧呢？请注意以下三点：

▶ 适时回应

心不在焉地听别人说话，是对别人不尊重的表现，像摇头晃脑、看天花板、左顾右盼、抓耳挠腮、接听电话、把玩物件、信手涂鸦等小动作，都要避免在听别人讲话时出现，以免让对方误会。应该在适当的时机回应对方，比如"是。""我了解。"或"是这样吗？"这些话都向对方表明你在听他说话，并且你很感兴趣。还可以挑重点复述对方所讲过的内容，以确定自己所理解的内容和对方是否一致，可以通过提一些问题来确认："您刚才所讲的意思是不是指……""我不知道我听得对不对，您的意思是……"

▶ 别吝惜赞美

当听到对方精辟的见解、有意义的论述或有价值的信息时，要诚心诚意地赞美说话的人。例如："这个故事真棒！""这个想法真好！""您很有见地！"如果有人做了你欣赏的事情你应该适时给予赞美或激励。同时，切忌武断地打断对方的谈话，比如"不要再说了，我比你清楚。""你说的根本不对，简直是小儿科。"甚至反客为主，变听为说，让对方无法完全地把意见表达出来。

▶ 多用肢体语言

首先，自己要保持自然开放、兴趣盎然的倾听姿态，以肢体语言表示愿意接纳对方，很想了解对方的想法。这些积极的肢体语言包括：自然的微笑，身体稍微前倾，常常看对方的眼睛，点头等，同时还要注意不要交叉双臂，手不要放在脸上。其次，还要注意观察对方的肢体语言，比如看对方的神情、脸色、动作，揣摩对方的言外之意，弦外之音等，从深层次了解对方的内心世界。

【案例】 乔·吉拉德的一次经历

乔·吉拉德是世界著名的汽车推销大师，在15年的汽车销售生涯中，他以零售的方式销售了13001辆汽车，其中6年平均售出汽车1300辆，他所创造的汽车销售纪录至今无人打破。在讲述自己的成功经历时，他几乎每次都要讲到一次与顾客沟通时的深刻教训。

有一次，乔·吉拉德向一位顾客推销汽车，这位顾客对汽车的性能、外观、价格等方面都比较满意，准备付款提车。这时，乔·吉拉德的一位销售同事走过来，兴奋地与他聊起了昨天的篮球比赛，他们越说越起劲儿，当乔·吉拉德伸手去接车款，准备为这位顾客办理提车手续时，那位顾客却什么话没说扭头走了。乔·吉拉德越想越纳闷，他实在想不明白顾客为什么突然不辞而别，为什么眼看煮熟的鸭子说飞就飞了？深夜11点，还是百思不得其解的乔·吉拉德终于忍耐不住，给那位顾客打了一个电话，询问他为什么突然改变了注意。

顾客在电话那头没好气地对他说："下午买车的时候，我与您谈到了我的小儿子，他刚刚考上了密歇根大学，这可是我们全家的骄傲啊！可是你一点兴趣也没有，只顾同你的同事眉飞色舞地谈论你们的篮球，你让你的同事购买你的汽车好了！"乔·吉拉德终于弄明白了，原来鸭子飞跑的原因，是因为自己没有耐心而感兴趣地同他谈论他最感到自豪的儿子。

3. 修炼"同理心"

一只小猪、一只绵羊和一头乳牛,被关在同一个畜栏里。有一次,牧人捉住小猪,它大声嚎叫,拼命挣扎。听到小猪无休止的哀号,绵羊和乳牛鄙夷地说:"真是娇气,他常常捉我们,我们并不大呼小叫。"

小猪听了回答道:"捉你们和捉我完全是两回事,牧人捉你们,只是要你们的毛和乳汁,但是捉住我,却是要我的命啊!"

处于不同的立场和不同环境的人,很难了解对方的感受,因此在与他人的交往中要有设身处地的同理心,才能建立彼此之间的沟通、理解和信任,为和谐的人际关系打好基础。

同理心是一个心理学概念,最早由人本主义大师卡尔·罗杰斯提出。学者们通常是这样来定义和描述的:同理心是在人际交往过程中,能够体会他人的情绪和想法、理解他人的立场和感受并站在他人的角度思考和处理问题的能力。

其实,同理心就是人们在日常生活中经常提到的设身处地、将心比心的做法。无论在人际交往中面临什么样的问题,只要设身处地、将心比心地、尽量了解并重视他人的想法,就能更容易地找到解决问题的方案。尤其是在发生冲突或误解时,当事人如果能把自己放在对方的处境中想一想,也许就可以了解到对方的立场和初衷,进而求同存异、消除误解了。

在美国发生过这样一件真实的事情。有一位小学生,被医院确诊为癌症。持续地化学治疗之后,癌细胞的蔓延得到了控制,但是,持续化疗的副作用使这位小学生的头发开始大量脱落,最后这个小学生成了一个光头。

快出院了,小学生在欣喜之余也多了一丝忧虑,他担心同学们嘲笑他,想着应该戴上个假发回学校上课。这天,母亲推着轮椅送他走进教室,可是教室里的景象让他和母亲目瞪口呆,惊喜得不知说什么才好。

只见班里所有的同学都剃光了头发，就连老师也带头剃了个大光头，热烈地欢迎他回来上课。这时，小病童兴奋地一把扯去假发，近乎疯狂地大叫大笑，从轮椅上一跃而起，全然没有了重病在身的感觉。

这些同学和老师，用一颗颗同理的心，为这位生病的同学带来了最真诚安慰。他们像天使一样，以自己设身处地的行动，细致入微地体察并满足他人的情感需求。这种深具同理心的真诚关爱，像春风吹拂冬眠的小草，雨露滋润干涸的禾苗，不仅能融化对方心灵的坚冰，更能点燃他充满希望的心灯，为其生命的风筝展现出一片湛蓝的天空。

【案例】 不同的结果

加班是职场人经常遇到的问题，特别是夫妻之间因为加班平添了不少矛盾和烦恼。但是，学会用同理心处理诸如加班之类的问题，将会使你和你的家庭、老板、上司、同事或下属等，增加相互理解，获得和谐关系。

表4-1 同理心情景剧

没有同理心	有同理心
慧：你晚上还要加班吗？ 明：是啊！我也没有办法！	慧：你今晚又要加班吗？ 明：嗯，真对不起，宝贝儿！
慧：不是说好今晚我们一起看电影的吗？电影票都买好了。 明：快下班了才通知明天要开会，还指明要我作汇报。	慧：能不去吗？不是说好今晚我们一起看电影的吗？ 明：是啊，这是我们难得的休闲时间，可是公司明天要开会研究一个项目，我又是这个项目的负责人，不去能行吗？你说呢？

没有同理心	有同理心
慧：你天天只知道工作，你娶工作当老婆吧！ 明：你又在啰唆啦！真烦死人了！	慧：电影票都买好了啊！ 明：是啊！我们在一起看电影多好啊！这样吧，周末我提前准备好，咱俩看个通宵！
慧：你说我烦你，那你就再也不要出现了！我不想看到你了！ 明：老公天天这么辛苦，人家的老婆都会心疼人，就你整天抱怨我！	慧：哼，假惺惺！你就知道工作，一点也不关心我！ 明：你是我的最爱，宝贝！我加班多挣钱，把工作干好不也是为我们的日子过得好一点吗？
慧：人家的老婆好你跟人家的老婆过去，你根本不关心我，这日子没法过了！（明生气地摔门，头也不回地走了。）	慧（慧体贴地帮丈夫穿上衣服）：好了，好了，赶快去吧，早点回来，路上当心点！ 明（拥抱妻子）：对不起，宝贝，我一定早点回来！

▶ 有"舍"才有"得"

一个人能成功并不是他从别人那里获取了很多，而是很多人鼎力支持的结果。这种人总是先帮助别人得到了他们想要的，当他需要的时候，受到他帮助的人自然会给他想要的。他们深知有"舍"才有"得"的道理。

不要老是想从别人身上得到什么，应该想：我能够给予别人什么？我能够帮助别人什么？我能够支持别人什么？当你能持续这么做，并且努力帮助别人获得成功的时候，也就是你该成功的时候了。因为那些得到你帮助的人，会慢慢地蓄积成一股巨大的力量，用他们的知识、智慧、能力甚至金钱回馈你的付出和帮助，这就是自然界和人类社会中普遍存在的优势富集效应。

比尔·波拉德在其《企业的灵魂》一书中说:"耶稣为一个门徒洗脚的形象提示我们:所有的人都通过为他人服务而成长。"人生就像一个水杯,你只有不停地把你的水倒出来,服务他人,他人才会将自己的清水注入你的杯子,这样,你始终都有满满一杯清甜的水。如果你不肯付出,你的水杯也就无法注入新鲜的水,天长日久,你杯子里的水就会变质,你的人生也将暗淡乏味。

【案例】 助人者天助

有个小伙子在自家的阳台上种了一盆迎春花,长长的枝条不断向楼下的阳台伸展,看到自己辛勤浇灌的花为别人家享用,小伙子心里有点不是滋味,就想把它们拉上来固定好。就在准备动手的时候,小伙子又想到:自己种花,能让自己快乐,也让别人赏心悦目,何乐而不为呢?于是他放弃了将迎春花拉上来的念头。不久,一缕缕迎春花很快就将一片美丽和秀色挂在了楼下的阳台上。

第二年春天,小伙子惊奇地发现有一枝葡萄藤悄悄地攀上了他的阳台,他俯身向下看去,一张清纯靓丽的脸庞正再冲他微笑。原来,楼下的人家为了感谢小伙子的付出和馈赠,就种了一棵葡萄树作为回报,让它攀缘上来……一来二去,楼上楼下关系越来越密切了,就在葡萄第二次成熟的时候,小伙子与楼下人家的那个美丽的女孩收获了他们成熟的爱情。

听了这个美丽的故事,人们都会感到欣慰:小伙子只是在举手之间给别人送去了一窗花朵和绿色,却收获了意想不到的真诚和好运。

西方人有句"口头禅":我能给你什么帮助吗?中国人则太含蓄,明明希望别人的帮助,就是不想说出来。当你看到同事确需帮助时，如果你能主动地提出，他们一定会感激你。当你的工作伙伴和同事遇到下列情况时，请你试着帮他们一把：

——当他们遇到问题或困难时；

——当他们出现工作失误、任务没有完成或者工作时限快到时；

——当他们受到批评、排挤或落难时；

——当他们加班时；

——当他们的家庭遇到天灾人祸时；

——当他们的客户或熟人找他们而他们又不在时；

——当他们郁闷、烦恼或沮丧时；

——当他们出现紧急情况时。

很多时候，帮助同事并不需要你付出太多，不过是牺牲自己的一点时间和精力，有时甚至是一句温暖的问候、一个鼓励的拥抱、一个信任的眼神，而你收获的将是友谊和忠诚，将是人间真情。

付出才有回报。有一段话说得好：当你拥有六个苹果的时候，千万不要把它们都吃掉，因为你只是吃到了苹果，只尝到一种味道。如果你把六个苹果中的五个拿出来给别人吃，尽管表面上看，自己少吃了五个苹果，但实际上你却得到了其他五个人的友情和好感。以后你会得到更多。当别人有了别的水果的时候，也一定会和你分享。你今天会从这个人手里得到一个橘子，明天会从那个人手里得到一个梨，后天会从第三个人手里得到一个芒果。最后你就得到了六种不同的水果，六种不同的味道，六种不同的颜色，六份友谊和帮助。人一定要学会用你拥有的东西，去换取对你和对别人来说都更加重要和丰富的东西，学会交换和分享，这种喜悦远比你一个人独自拥有而获得的快乐大得多。放弃是一种智慧，有"舍"才能有"得"，小"舍"小"得"，大"舍"大"得"，不"舍"不"得"。

美国激励大师金克拉说："如果你想实现梦想，你必须学习帮助别人实现梦想，你才能够让自己美梦成真。"帮助别人其实就是帮助自己。想想看，你今天帮助了一个人，明天再帮助一个人。你每天都坚持这么做，很多天、很多年以后，这些接受了你的支持和帮助的人，他们都把自己的帮助和支持统统给了你一个人，你怎么会不成功？这就是因果定律的强大力量，你昨天种下的善因，今天才结下了善果。

早在两千多年前，孔子就说过："己所不欲，勿施于人"。别人的利益和感受与自己的利益和感受一样重要。做人要有同理心，就要能够"推己及人"：自己不喜欢或不愿意接受的东西，不要施加给别人。就算是自己喜欢的东西，也不要强加于别人。无论是在工作还是在日常生活中，凡是有同理心的人，都善于体察他人的意愿，乐于理解和帮助他人，这样的人最容易受到大家的欢迎，也最值得大家信任，自然也会得到大家的支持和帮助。

什么是同理心？同理心就是别人伤心难过的时候，你能够设身处地地留下真诚的眼泪；别人为成功兴高采烈的时候，你能够献上真诚的祝福；别人孤独无援的时候，你能够伸出援手，帮上一把。在企业里，好员工就是一个具有同理心的人。

二、找到你的"贵人"

在人的一生当中，除了家人，共处时间最久的，恐怕就是工作单位的同事和上司了。可以说，在所有的人际关系中，与同事、上司的关系是一个人人生当中最重要的人际关系，同事和上司是你职业生涯中最重要的"贵人"。

有人说"上司比业绩重要"，这话尽管有些绝对，但却不无道理。我的理解是，这并不是说业绩不重要，业绩当然是第一位的重要，上司看下属主要还是看业绩的。问题是在普通员工的业绩中，有一些是能够直接看出来的，有一些是看不出来的，还有一些是暂时看不出来以后才能看出来的，如果不与上司沟通他们就不知道你做了哪些工作，他们还以为你什么都没有做呢。况且在业绩相同的情况下，与上司有良好沟通的下属会有更多的胜出机会。另外，只有取得上司的支持，才能取得更好、更大的业绩。上司是人不是神，也会有偏见，也有看走眼的时候，所以好员工一定会积极与上司沟通，让他了解自己。

在你的职业生涯中，上司掌握你职业前途的"生杀大权"，绩效的评定、培养、重用、加薪和提拔，在这些事关你职业命运的大事上，他们无疑都拥有绝对的发言权和决定权。那么，在具体的工作实践中，如何才能成为一个赢得上司欣赏与重用的好员工呢？

1. 上司是第一顾客

有调查显示，在职场中有30.43%的人与领导关系很好，容易沟通；57.97%的人与领导关系一般；10.14%的人与领导关系不好，经常背后抱怨；1.45%的人与领导经常有冲突。可见，有一大部分职业人士，在与老板或上司的相处过程中，缺乏沟通，并由此带来很多困惑、无奈甚至消极的情绪，不仅影响了工作效率和效果，也耽误了自己的职业前程。

▶ **理解是沟通的基础**

我最近看了一篇文章很有感触，这篇文章的标题是《老板——比民工还悲惨的职业》。是啊，很多老板创业时省吃俭用，辛勤劳作，为了筹集资金，东凑西借，甚至砸锅卖铁，可以说把身家性命都押在了企业上。事业创立起来之后，他们每天战战兢兢、如履薄冰地苦心经营，才使企业拥有了一定的规模。财富、鲜花与掌声的背后是鞠躬尽瘁的操劳，是殚精竭虑的付出。经营形势好的时候，他们为基业长青而绞尽脑汁；经营形势不好的时候，他们为摆脱困境而日夜伤神。正是天底下这些具有大无畏创业精神的老板们，加速了社会财富的积累，促进了社会经济的发展。无怪乎管理大师德鲁克说：当今的世界经济实质上就是企业家经济！

所以，好员工总是怀着对创业精神的敬佩，理解、欣赏自己的老板，感激他们给自己提供了施展能力与智慧的舞台。当然，老板同所有人一样不是完人，他们也有着这样那样的缺点，他们也会犯错误。员工总希望老板看自己的时候多看优点，少看缺点，那么，当员工看待老板和上司的时候也应该如此。如果你能够抱着积极的欣赏的心态看待你的老板和上司，你不仅会从他们身上发现很多自己不具备的精神、能力和品质，而且能够从心理上拉近与他们的距离，从而奠定顺畅沟通的心理基础。

▶ 做个优秀的追随者

阿尔伯特·哈伯德在他的畅销书《自动自发》中说："如果你是老板，一定会希望员工能和自己一样，将公司当成自己的事业，更加努力，更加勤奋，更积极主动。因此，当你的老板向你提出这样的要求时，请不要拒绝他。"

无论从事什么职业，都要把它看作是自己的事业，把自己看作是一家公司，而自己就是这家公司的经营者。公司赢利的多少取决于你为顾客创造价值的大小。无论是作为企业的员工，还是作为企业的管理者，老板就是你的顾客，而且是最大的客户，因为他在花钱购买你的服务和工作。从这个角度来说，你应该把老板当作第一顾客。

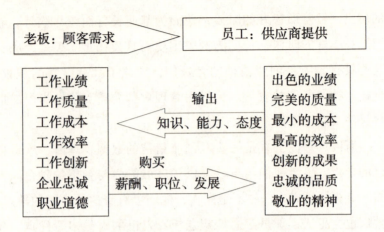

图 4-1 员工与老板的顾客关系

如果你把老板当成第一顾客,那么你就要学会推销自己——用成果和贡献展现自己的价值。同时还要想办法提升能力,确保自己的身价保值增值。把老板当作第一顾客是以一种积极的态度来看待自己与老板的关系。如果按照"顾客是上帝"的营销理论,你就不会责怪老板的严格与挑剔了,因为"顾客永远都是对的"。把老板当成第一顾客,你就要认真仔细地研究老板的现实需求和潜在需求,进而发挥自己的能量去创造和满足这些需求。老板对你的需求越大,你的价值就越高,加薪与升职只是水到渠成的事,用不着自己去多操心。职场上永远是"有贡献者得老板,得老板者得舞台"。

➡ 了解你的上司

《孙子·谋攻篇》中说:"知彼知己者,百战不殆;不知彼而知己,一胜一负;不知彼,不知己,每战必殆。"所以,了解老板的特征和需求是与老板成功沟通的第一步。

表 4-2　你应该了解你的上司

项目	内容
经历背景	创业经历、学识水平、家庭状况、社会地位。
性格	比较接近哪一种或几种性格类型？
习惯	工作习惯和生活习惯。
价值观	最看重的是什么？为人处世的原则是什么？
领导风格	比较接近哪一种领导风格？决策风格？
工作要求	速度、成本、效果、质量、方法等。
兴趣爱好	工作兴趣和生活兴趣。
最反对什么	什么事？什么人？
最欣赏什么	什么事？什么人？
最忌讳什么	工作忌讳、生活忌讳。
最大需求	目前最棘手的、最难办的、最希望迅速解决的问题是什么？

比如，有的老板是结果型领导，什么意思呢？他很清楚地告诉你他要什么，你只要做得到就可以；有的老板是过程型领导，也就是说他非常关心你用什么方法来完成工作？而且有时候会坚持要你按照他的方法来完成；有些老板是关系型领导，就是特别强调彼此的关系，下班以后找你吃饭，十分关心你，甚至你的家人。对于这三种不同类型的老板，你就要适应他们不同的领导风格，当然不管是哪种老板，目的都是要完成任务。如果你碰到一个结果型的老板，你把事情做好就是了，不一定要把一些细节说给他听；如果你碰到一个强调过程型的老板，你也不要嫌他婆婆妈妈，你尽管与他讨论怎么做、如何做，尽量按照他的方法做，而且在工作过程中要注意勤请示汇报；如果你碰到关系型风格的老板，相对比较好办一些，他总是关心

你的情绪、工作，关心你的家庭。

所以，适应不同的老板和上司很重要，每一个好员工都知道：必须要做一个好的追随者，才能做一个好的领导者。

2. 无事也登三宝殿

不少人由于存在对上司的畏惧心理，大都是有事情才找上司沟通，平时默默无闻，不与上司交流。这其实是一种消极的沟通心态，极不利于自己的成长和发展。俗话说"好哭的孩子多吃奶，多嘴的鹦鹉惹人爱。"上司也是凡人，级别越高越孤独、越想倾听来自基层和下属的意见和信息。这就要求下属打破"无事不登三宝殿"的保守态度，在恰当的时间、恰当的地点通过恰当的话题和方式与上司进行有效的沟通。

积极地与上司沟通交流，不仅能让你准确地理解和把握上司的真正意图，明确自己今后的工作重点，争取他们的理解和支持，减少出力不讨好、做无用功的现象，提高工作绩效，而且，还能够在沟通中让上司更加生动地在第一时间内了解你，了解你的苦衷和难处，了解你的真实想法和愿望，这对你的工作绩效和职业成长具有十分重要的作用。

好员工就是创造条件积极与上司沟通的人。在平时沟通中，应注意下面几个问题：

▶ **选准时机**

与上司沟通或汇报选择适当的时间十分重要。一般在这几种情况下，不应该去打搅他们：刚上班或快下班时；上司有急务缠身时；上司心情不好时；上司准备外出时；上司出差或度假刚回来时；午饭时间已到，而上司还在忙碌时等。当然有紧急情况需要沟通的除外。

领导的办公室当然是一个沟通场所，但是还有其他不错的地点。比如当领导来到你的办公室时，你就要不失时机与他积极沟通，拉一些家常，汇报一下自己目前正在进行的工作等。电梯间、宴会中、出差途中等，都是与上司适时沟通的好地方和好时间，要抓住这些机会。

▶ 突出重点

上司最厌烦的是下属凭空想象或捕风捉影的建议或汇报。所以，在与上司沟通时要注意用事实和数据说话，有理有据，逻辑性强，论据充分。而且不要用一些模棱两可的话语和词汇，比如：大概、也许、差不多、基本上、可能是、听说是等，这些词汇都是一次成功的工作汇报中应该避免的。同时，还要准备更多、更丰富的资料、数据与信息，在上司问到一些背景信息时能够对答如流，不至于哑口无言，当场失态。

上司的时间是宝贵的，在与之当面沟通时，要事先打好腹稿，把要害和关键的事情找出来，先说什么，后说什么都要心中有数，条理清晰，重点突出。重大的事项还应该准备一份书面报告，在沟通结束后呈送给上司。

▶ 谦虚谨慎

大部分人都有好为人师的习惯，尤其当领导的更甚。在平时与老板或上司沟通的时候，不妨以学生的姿态，诚恳地向上司请教，征求他们的意见。哪怕是自己已经有了比较好的想法，也要只说出一半来，留下另一半让给上司，当上司说出意见后，你尽可以由衷地赞美他一句"还是头儿的思路开阔"，上司自然觉得很有面子。作为下级既实现了自己的想法，又获得了上司的欢心，何乐而不为呢！莎士比亚说："赞美是我们生活中的阳光，没有阳光人们将不能生长！"所有的人都喜欢被赞美，上司当然也不例外。

【案例】 信任突破沟通障碍

王明是一家食品公司的销售经理，一段时期以来，在和老板沟通市场情况时，每逢谈到竞争对手增多、品种单一、味道偏淡等实际问题时，老板总是不耐烦，还没等他说完老板就没有好气地说："知道了！"对于老板只重结果不问过程的领导风格和做事方式，王明尽管感到有些无奈，但也能理解老板，毕竟老板对自己还不太信任。意识到信任已经成为自己与老板沟通障碍的王明，为了取得老板的信任，决定改变自己。他开始放下架子，改掉原来走访市场不深入的毛病，对公司和对手的市场与产品，每一个问题、每一个细节都摸得一清二楚，并且获得了大量的一线市场数据。同时他还采取了五项具体措施：一是自掏腰包买下竞争对手的产品样品交给老板亲自品尝。同时，把竞争对手的产品价格及变化情况随时以邮件的方式发给老板；二是把竞争对手的促销时间、方式、效果等制成表格并写出分析报告发给老板；三是把公司的产品与对手的产品作比较，找出双方产品的优劣所在，向老板提出自己的对策建议；四是每个季度前都形成一份数据详实、分析具体、对策切实可行的工作报告，请老板指点，并在季度结束后上交一份执行情况的总结；五是在公司的会议上，改变以往不由自主地夸赞竞争对手的习惯，开始先汇报销售较好的几类产品和地区，随后找出销售最差的地区，并真诚地检讨自己工作的不足，然后再制订下一步的行动计划。

逐渐地，王明发现老板对自己的态度在好转，他汇报工作时老板总是很有耐心，并不时提出问题征求他的意见，还夸奖他有思路、有办法。当有时业绩出现滑坡时，老板不再暴跳如雷，而是鼓励他不要泄气。王明感到自己的努力有了结果，与老板关系的融洽更使他增强了干好工作、创造更好业绩的信心。

3. 领会意图最重要

千万不要忽视请示与汇报的作用，因为它是你和上司进行沟通的主要渠道。请示汇报的质量很大程度上关系着工作目标能否顺利完成。请示汇报的作用有三个：一是征求上司的意见，摸清他们的真正意图，明确自己的工作目标；二是让上司心中有数，及时指导，同时也能让他们随时了解工作中的状态和问题；三是争取上司对工作的理解与支持，为完成绩效目标创造有利环境和条件。所以，好员工应该把每一次请示汇报工作都做得完美无缺，领导对你的信任和赏识也就会慢慢加深了，自然也会全力支持你完成业绩目标和任务。

▶ "5W2H 法"

如果不会领会领导的意图，工作一开始就会陷入被动，最后只能是"拉了磨又得挨磨棍"。如果领导明确指示你去完成某项工作，那你一定要用最快的速度领会领导的意图和工作的重点。此时你不妨利用传统的 5W2H 的方法来快速记录工作要点，即弄清楚该命令的时间（when）、地点（where）、执行者（who）、为了什么目的（why）、需要做什么工作（what）、怎么样去做（how）以及需要多少工作量（how many）。在领导下达完命令之后，立即将自己的记录进行整理，再次简明扼要地向领导复述一遍，看是否还有遗漏或者自己没有领会清楚的地方，并请领导确认。如果领导点头表示认可了，那么你可以进入下一个环节。

▶ 提出问题

在上司给你布置完工作或下达指标以后，如果是简单的工作，就简单地表示一下态度即可，比如"请领导放心，我保证完成任务"。如果是相对比较复杂的工作任务，你就应该条理清晰地向上司阐述一下自己准备开展工作的方法、打算和计划，并真心征求上司的指导和建议，比如"我这样做可以吗？请您指教"。如果开展这项工作确实有很大难度，甚至力不从心，你要根据领导的风格选择是暂时接受下来还是委婉地提出自己拒绝的理由。如果这项工作需要更多的资源和帮助，比如费用开支、其他部门或个人的协助等，不妨直接向上司提出来，以得到上司的答复和帮助。

▶ 制订计划

遇到重大的工作事项，在接受任务后，你通常还要根据初次与领导沟通的情况，制订一个详细具体、切实可行的书面工作计划。这个工作计划一般包括：团队构成、开始与完成时间、行动方法与路线、措施与对策、资源安排与成本费用开支、部门协调、可能出现的障碍与应对方案等，以便进一步征求上司的意见，得到上司的认可，同时也方便上司的监督和指导。

▶ 汇报进度

在工作进行过程中，你要根据上司的领导风格，决定是否汇报、多长时间汇报一次和如何汇报。注重结果型的领导一般在工作过程中不听汇报，因为他只要结果，不问过程。而有些管理风格比较细腻的领导则不同，他安排工作之后总是不放心，这时你不要"踢开上司闹革命"，应该勤汇报、多请示，否则他会认为你不把他放在眼里。而且勤汇报能够让领导了解你的工作进度、出现的困难、问题和你的辛苦付出，万一遇到特殊情况影响了工作进度和质量，上司也不会感到意外，反而会理解你的处境。

工作完成后要及时向领导汇报完成的结果。重大的工作事项一定要有一个漂亮的书面总结。总结应该言之有物、实事求是，数据真实准确，不要过分夸大自己的功劳，更不能贬低别人的努力和帮助,当然还不能忘记感谢上司的正确指导与大力支持。工作总结的内容一般包括:计划完成情况、采取的措施和努力、成功的经验、存在的问题及下一步改进的意见等。

你对上司的汇报最忌讳渲染、夸大、啰唆、表功。所以,不要带着邀功的心态,极力强调你的工作的难处,要巧妙地汇报自己的努力和辛苦。此外,上司都很忙碌,所以,只有把汇报做得简明扼要才能够令你的上司满意。汇报的内容要与原定目标和计划相对应,切忌漫无边际,牵扯到其他没有关系的事情。

4. 组建"贵人团"

举凡天底下成就大事业的人,大都是"振臂一呼,应者云集"的主儿。这些人知道自己的知识、智慧、能力、财力、物力、精力、时间都很有限,所以,他们善于组织协调,运筹帷幄,整合资源,"智者取其谋,愚者取其力,勇者取其威,慎者取其慎,无智愚勇慎兼而用之""贤者居上,能者居中,庸者居下,智者居侧",如此这般,天下人才,地上万物,无不用其极,于是才有"滚滚长江、浊浊黄河、涓涓细流,不惜百折千回,争先恐后,投奔而来,汇成碧波浩渺、万世不竭、无与伦比的壮丽景观!"

作为一名普通员工,尽管你还不能形成浩浩荡荡的影响力量和领导力量,但是,为了工作的顺利,为了业绩的提高,为了使自己更有效能,你必须懂得"众人拾柴火焰高"的道理,你应该学会借助别人的智慧和力量筑起自己职业的峰塔!

◆ 找一只更大的手

有的人认为,寻求别人的帮助是无能的表现,即使是遇到自己无能为力的事,也是抱着"万事不求人"的态度,不愿表达寻求帮助的意向,甚至在别人主动提出帮助他时,拒绝别人的好意和帮助。结果，在别人看来不费吹灰之力的事，或者别人稍微帮一把就能顺利完成的事，自己却费了九牛二虎之力也无济于事，耽误了时间，浪费了精力，绩效目标更是无法达成，受害的最终还是自己。

有一个小男孩，聪明伶俐，乖巧活泼，周围的邻居很是喜欢他。一天，他和母亲一起外出，楼下小店的主人端出一盘糖果说："小家伙，自己抓一把糖果吃吧！"小男孩摇头。母亲对他说："叔叔是真心的，你就自己抓一些吧。"小男孩还是摇头不动。无奈，小店的主人只好亲自抓了一把糖果放在了小男孩的口袋里。回家后，妈妈问他为什么自己不抓，是不想吃吗？小男孩说："妈妈，我不是不想吃，是因为叔叔的手大，他比我抓得多。"

这个小男孩懂得两个人生当中的大道理：第一，他知道自己的力量和能力是有限的；第二，他知道借助别人的力量实现自己利益的最大化。

实际上，善于利用别人的力量，达到自己目标的人才是真正高效率的人，是真正的智勇者。《塔木德》中说"没有能力买鞋子时，可以借别人的，这样比赤脚走得快。"在西方流传着这样的说法：银行从不借钱给从未向银行借过钱的人。原因是那些连钱都不借或者不敢借的人，不是生意不好，就是没有把生意做大做强的决心、勇气和能力。

【案例】 我需要您的帮助

一个推销员拜访一个成功人士，问他："您为什么取得如此辉煌的成就呢？"成功人士回答："因为我知道一句神奇的格言。"推销员说："您能说给我听吗？"成功人士说："这句格言是：我需要您的帮助！"推销员不解地问："您需要他们帮助你什么呢？"成功人士答："每当遇到我的客户时，我都

第四章 找对"贵人"结善缘

向他们说：'我需要您的帮助，请您介绍3个您的朋友给我，好吗？'很多人答应帮忙，因为这对他们来说只是举手之劳。"

闻听此言，推销员如获至宝，他按照那位成功人士的经验，不断地复制"三"的倍数，数年之后，他的客户群像滚雪球一样越滚越大，通过真诚的交往和不懈的努力，他终于成为美国历史上第一位一年内销售额超过10亿美元的寿险销售成功人士，他就是享誉美国的寿险推销大师甘道夫。

➡ 借智借力借网络

真诚地寻求别人的帮助不仅是提高绩效的捷径，而且是真正成熟的标志，因为你已经懂得了借船出海、借风行船的道理。寻求帮助的范围主要有三个方面：

——借智。当自己百思不得其解的时候，寻求高人或智者的指点，寻求老板、上司、同事和下属的意见和建议；

——借力。当自己竭尽全力仍然不能达到目标时，当自己遇到紧急情况时，或者眼看任务时限已到，自己的力量已经力不从心的时候，寻求同事或上司的帮助；

——借网络。当自己和身边的同事也无法解决目前的难题时，寻求上司或同事的人际关系网络，帮助自己完成任务，解决困难。

下面，重点介绍一个"借智"的方法，这就是头脑风暴法。

当你因为一个方案、一个计划，或者一个问题寝食难安、夜不能寐的时候，当你即使抓破了头皮、熬白了头发也找不到问题答案的时候，你应该寻求别人的指点和帮助。如果你的导师、老板、上司或者其他高人能帮你出主意更好，如果不能，你可以请你的同事、朋友、同学甚至家人等，开一个头脑风暴会，让你意想不到的方法和主意可能会在大家的讨论中翩翩而来。

头脑风暴法对于问题的解决和创新具有强大的力量，是解决难题的强有力的工具和方法。头脑风暴法的核心理念是：只要努力，一切皆有可能。在这里没有错误与荒谬，只有对解决问题的贡献。"人有多大胆，地有多高产""只要你想，梦想总能成真"。

一般来说，头脑风暴会的参加人数以6～12人为好，你可以充当风暴会议的召集人，也可以请你的同事来担任。但召集人要了解召集的目的，掌握头脑风暴法的游戏规则和基本操作程序，善于引导大家思考和发表观点，同时自己不发表带有倾向性的观点，而且能够阻止相互间的评价和批评，有驾驭会议的能力。地点可以选择在办公室，也可以选择在一个轻松但没有外界干扰的地方。头脑风暴会议的主要游戏规则是：

（1）集中思想。参与者将所有注意力集中在所研讨的问题上，排除其他一切干扰。

（2）思维活跃。每个人都不受任何约束地讲出解决方案，不管这个方案听起来多么可笑，或多么不切合实际。"头脑风暴"只有不具体的方案，没有无效方案。

（3）禁止评判。这是"头脑风暴"灵魂性的规则。任何时候，任何人都不要对任何方案进行评判，直到游戏结束。

（4）以量求质。先追求解决方案的数量，然后才是质量。

（5）整合创造。大量创意和设想，可以相互借鉴，允许合并与发挥。

（6）全部记录。记录后，放在大家都能看得见的地方。

（7）组合运用。对有一些粗糙的方案进行仔细的评量、优选、再加工，甚至可以进行"二次风暴"的开发，最后得出具有创新和操作价值的可行性方案。

好员工的智慧在于他们不会单打独斗，在他们的身后有一个强大的"贵人团队"。常言道"一个篱笆三个桩，一个好汉三个帮""一人成木，二人成林"都是说，要想做成大事，必定要有做成大事的人际网络和人脉支持系统。很多成功的商界人士都深深意识到了人际关系和人脉资源对事业成功的重要性。成功学大师卡耐基经过长期研究得出结论说："专业知识在一个人成功中的作用只占15%，而其余的85%则取决于人际关系。"所以说，无论你从事什么职业，学会与人合作共赢，你就在高绩效的成功道路上走了85%的路程了。

【好员工修炼自我检测】

序号	检测项目	存在问题	改善计划
1	我对情商的了解有多少？我的情商状况如何？		
2	我善于控制诸如愤怒等不良情绪吗？我曾经因为脾气暴躁伤害过别人吗？		
3	我是一个善于倾听的人吗？我掌握了一些倾听的技巧了吗？		
4	在日常生活和工作中，我是否经常换位思考？是否经常体察别人的感受和意愿？我应该怎样修炼自己的同理心？		
5	总体来说，我的人缘如何？我是一个善于处理人际关系的人吗？我与同事或下属的关系如何？		
6	我与老板或上司的关系如何？我能够从他们那里得到工作的支持和帮助吗？		
7	工作中我是否积极主动地与老板和上司沟通？我是如何与他们沟通的？		
8	我对老板和上司的看法和态度正确吗？我了解他们的领导风格及其他方面的情况吗？		
9	我是一个善于付出和帮助他人的人吗？为了别人的绩效和成功，我曾经做了些什么？		
10	我是一个"万事不求人"的人吗？我曾经寻求过他人的支持和帮助吗？		

第五章

让阳光心态照亮前程

> 让人生的壮美魅力在你身上充溢流淌。要在高山之巅用歌声表示赞美,让神圣的能量充满活力地涌动并充盈你的全身,直至满得往外流淌。让你的笑声大声发散出来,冒气泡!冒火花!火光熊熊!……让你的激动、兴趣、热情为你所干的事增光添彩,热爱生活并欣喜地活着,其乐融融地干好每一件事。
>
> ——唐纳德·科蒂斯博士

第五章　让阳光心态照亮前程

前国家足球队外籍教练米卢说过一句话："态度决定一切"。职场的竞争表面看是知识、能力和绩效的竞争，实质上却是一个人人生态度与职业态度的竞争。人与人之间的差异很小也很大，很小的差异在于心态是积极还是消极，很大的差异在于人生是成功还是失败。所以，在职业生涯的道路上，我们务必要保持积极的阳光心态，让阳光心态照亮我们的职业前程。

每个人都想成为一个高绩效的好员工，都梦想着鲜花与掌声到来的那一天。即使是干不出轰轰烈烈的事业，做不出光宗耀祖的成就，也要工作得体体面面，生活得高高兴兴。这应该是对待工作和人生的一个基本态度。

管理大师彼得·德鲁克认为："未来的历史学家会说，这个世纪最重要的事情不是技术或网络的革新，而是人类生存状况的重大改变。在这个世纪里，人将拥有更多的选择，他们必须积极地管理自己"。大师的论断说明，要想经营好自己的工作和人生，成为一个高绩效的好员工，就必须从经营管理自己开始，而自我管理的首要内容就是心态管理。

一、敢想还要敢做

有梦最美，但是如果不把梦想化成强烈的成就梦想的欲望，梦想终究是一枕黄粱。

好员工应该是一个具有高成就导向的人。所谓高成就导向是指一个人具有完成任务的坚定信心，具有在工作中追求卓越的热切愿望，高成就导向是取得卓越绩效的核心驱动力

具有高成就导向的人希望出色地完成企业和团队交给自己

的任务，在工作中极力做到优秀，愿意担当重要的且具有挑战性的工作。这种人在工作中有强烈地表现自己能力的愿望，不断地为自己设立更高的标准，努力不懈地追求职业和事业上的进步。在企业中，高成就导向的人总是想要做出比别人更好的业绩，总是对自己目前的业绩状况不满足，总是在寻找改进工作的方法和路径，总是在困难面前不认输，他们有时甚至为此寝食难安。

好员工总是具有强烈的成就欲望，这种欲望促使他们对未来充满信心，在野心勃勃的锐气和朝气蓬勃的激情驱动之下，他们精神抖擞，斗志昂扬，在征服一个又一个绩效高峰的过程中，他们达到了自我实现的职业境界。

1. 成功的秘诀是野心

十几年前，有一首歌曲很流行：

没有花香/没有树高/我是一棵无人知道的小草/从不寂寞/从不烦恼/你看我的伙伴遍及天涯海角/春风呀春风你把我吹绿/阳光呀阳光你把我照耀/河流啊山川你哺育了我/大地呀母亲你把我紧紧拥抱……

这首歌的歌词富有诗意，曲调悠扬抒情。就是现在，我们也时常在不同的场合，听到这动听的旋律。可是听得多了，似乎从歌词和歌声里能够听出了一些无奈，甚至是有些悲哀的味道：为什么我就应该是一棵无人知道的小草呢？每个人一生下来都是一棵命运的种子，同样的阳光，同样的春风，同样的大地，为什么我就不能变成一朵美丽灿烂的花朵呢？为什么我就不是一棵枝繁叶茂的大树呢？

1998年，法国最年轻的媒体富豪巴拉昂因病去世，在恋恋不舍地离开人世之前，他将自己4亿多法郎的股份捐赠给了医疗机构，用于改善人们的健康状况。同时，他还为后人留下了一份意味深长的遗嘱,并声称,谁回答了遗嘱中的问题,就能得到100万法郎的馈赠。这份遗嘱被公布在《科西嘉人报》上。遗嘱的大致内容是:

我原来是一个穷人,可是现在却是以一个富人的身份走进天堂的。在走进天堂的时候,我想把我成为富人的秘诀留给后人,它现在就锁在法兰西中央银行我的一个私人保险箱内。如果谁回答出"穷人最缺少的是什么?"这个问题而猜中我的秘诀,他将能得到我的祝福。当然,那时我已无法从墓穴中伸出双手为他的睿智欢呼,但是他可以从那只保险箱里荣幸地拿走100万法郎,那就是我给予他的掌声。

之后,《科西嘉人报》收到了48000多封来信,在五花八门的答案中,只有一位叫蒂勒的小姑娘猜对了巴拉昂的秘诀,那就是野心。蒂勒和巴拉昂都认为穷人最缺少的是成为富人的野心。很多记者带着满腹好奇,问年仅9岁的蒂勒,为什么会想到是"野心"呢?蒂勒说:"我的姐姐每次把她的男朋友带回家时,她总是警告我说:'不要有野心!不要有野心!'我想也许野心可以让人得到自己想得到的东西。"蒂勒简单的答案轰动了法国,也震动了世界。

长期以来,"野心"这个词被人们误解了,常常带有贬义的味道。实际上,纵观古今中外的集大成者,他们的成功不都源自于野心吗?野心促使他们采取行动、实现目标;野心驱动他们勇往直前、不懈追求;野心激励他们夙兴夜寐、闻鸡起舞!

再看看你身边那些取得卓越绩效和非凡业绩的人,他们是不是每天都在憧憬着自己未来更高的目标?他们是不是每天都在为心中的理想而进取拼搏?野心其实是强烈进取心的代名词,有了这种野心,你就会主动地去寻找实现目标的方法;有了这种野心,你才能全力以赴、马不停蹄。"任何会动的东西,都是我们的猎物。"正是这种非凡的野心和一往无前的动力,使比尔·盖茨成就了他的微软帝国。

有一次,我给一家培训公司讲公开课,课代表小张深得我的好感。中午我们俩吃饭的时候,小张冷不丁地冒出了一句:"宋老师,听了您的课,我想了很多,一句话,您下次再来的时候,我就要当业务经理了!"

"有那么肯定么?"我有些疑惑。

"一定的!"他拿出了一张皱巴巴的纸递给了我,上面写了他今后一年的目标,还有实现目标的9条措施。

"我相信你!"尽管我不太情愿,但我还是说出了激励他的话。说实话,在做职业咨询的过程中,像这样的"纸"我也确实看到不少,但是能够真正兑现的寥寥无几。这之后,我似乎忘记了这个精明能干的小伙子。可是,大概半年多之后,我又一次到这家公司上课的时候,小张恭敬地递上了自己的新名片,名片上清楚地写着"业务二部经理"。

你的命运如何取决于你想要什么样的命运,你是什么样的人取决于你想做什么样的人。野心意味着为自己制订高远的职业目标,意味着不断刷新别人或自己的高绩效记录,意味着天天有所行动、有所进步、有所成长。在这个丰富多彩的世界中,只有"心想"才能"事成",求则得,舍则失。所有的东西你不可能都得到,但是,如果你连想都不敢想、不去想、懒得想,那等待你的只能是一无所获的一生。

2. 向高难度挑战

有一天,你的上司对你说:"咱们为客户策划的方案,在执行中遇到了一些问题,你现在过去一趟,帮助他们解决一下。"你几乎不假思索地说:"头儿,我现在正在为另一个客户做预算,还是让别人去吧!"不一会儿,你的同事来到你的身边,悄悄地对你说:"伙计,我主管的客户今天有一个产品发布活动,我现在确实走不开，你替我去一趟吧，纪念品归你！"这时，你同样是不假思索地应承了下来，三下五除二地收拾好了办公桌，风驰电掣地离开了办公室。

上面这个例子在许多人身上可能出现过无数次，虽然可能有不同的表现形式，道理却很简单：人们总是喜欢干一些轻松而且又有额外好处的事，而对于麻烦的、棘手的、出力不讨好的工作，就会出于本能地抵制和逃避。但是，正是因为这一次次的逃避，一次次提升能力与证明自己的机会也同时消失了。

好员工总能主动承担富有挑战性的任务和工作。他们认为这是表现自己、锻炼自己、提高自己的最快、最有效的途径。他们似乎智商偏低，从不考虑从事挑战性工作可能会给自己带来的麻烦和风险，他们有时还暗自庆幸自己得到了大家都放弃了的成功机会，他们用老子的"不争之争"，在无数个没有人竞争的地方，抓住了无数个让自己脱颖而出的机会。

【案例】 不知天高地厚

我叫刘刚，28岁，汽车维修专业大专毕业，是一家汽车美容设备制造企业的业务员，从业时间一年多。

有一次，营销总监把我叫到了办公室说："刘刚，来到公司快一年了，你的业绩还不错，水平也提高了不少……"没有等总监说完，我打断了他的话说："头儿，有什么事你就说吧，我这个人性子急。"

"啊，是这样，海南那边的市场一直没有打开，那里明明有市场，可是咱们公司的产品就是卖不动，想来想去，还是想让你去那里试一试。"

"行！什么时候开始？"我那一天不知为什么心情特别好，几乎没有考虑就应承了下来。

"如果你同意，明天就可以出发。"总监很高兴地说："你尽管放心大胆地干，干成了你就是海南的区域经理，即使干不成公司也不会责备你。"

从总监办公室出来，同事叫住了我："阿刚，总监跟你说什么了？"

"让我去海南。"

"你答应了吗？"

"答应了啊。"

"啊？去海南？你是吃错药了还是大头了？你知不知道咱们公司派了好几个人过去都是自信满满而去、垂头丧气而归？咱们的总监大人不信邪，到那里住了三个月，现在不也是不了了之？"

同事这一说，我如梦初醒。是啊，我刚才怎么没有想到呢？但是水是泼出去了，没有办法，就是刀山火海我也只得硬着头皮往上冲！第二天我就来到了海南。

我是土生土长的广东人，毕业以来一直在自己的家门口转悠，来到海南可以说是举目无亲，无依无靠。在那里最大的困难是寂寞。一到晚上，没有一个可以说话的人，那种寂寞和无助差点就击垮了我自以为很坚强的意志。不过还好，也可能是为了排遣自己的寂寞吧，白天提着三、四十斤的样品设备跑经销商，晚上还是提着样品在大街上跑，看到哪家汽车美容店或修理铺亮着灯就往里进。

公司原来在海南是有代理商的，由于种种原因，代理商把我们的产品当成了摆设，基本上没有什么销量。一个多月的地毯式摸排调查，我终于找到了代理商不销我们产品的原因。通过两个晚上的挑灯夜战，我总结出了一套新的方法、新的合作模式。我把新的方案在电话中与总监沟通后，总监很赞成，并表示如果这套办法可行，还可以在其他区域推广。皇天不负有心人，我的新方案经过和代理商之间两个多月的磨合，终于大见成效。

五到十月份正是海南最热的时候，头顶着火辣辣的太阳，忍受着难耐的孤独，我用六个月的时间完成了全年的销售任务，而且销量超过了原来三年销量的总和。

我被公司评为年度"市场之星"，而且用一年的时间使自己的月收入达到了5位数，自然，海南区域经理也非我莫属了！有时想起来当初的决定，既后怕又庆幸，后怕的是当时不知天高地厚，庆幸的是正是那次不知天高地厚，才成就了我今天的成就，不然，我现在估计还是一个不起眼的小销售员呢！

生命对每个人都只有一次，要想让自己活得积极而有意义，就要勇敢地挑起工作和生活中的重任。挑战高难度的问题，解决困难，不仅可以让本来平淡的生命释放出美丽的光彩，同时能提升生活和工作的质量，而且，这也是让人生价值最大化的一条快捷途径。所以，在工作的过程中，总有一些老板感到棘手的事情，总有一些别人认为不可能完成的事情，总有一些没有人愿意做但是对于公司又很重要的事情，这时，你就向它们发起挑战吧，你的机会就在眼前，你的职业生涯和事业境界可能就因这次挑战而变得与众不同！

3. 积极的自我实现

美国著名心理学家马斯洛认为，人的需求共有五种：生理需求、安全需求、社交需求、自尊需求、自我实现的需求。这五种需求是分层次的，前一种需求的基本满足是后一种需求产生的条件；人的行为不是由已经得到满足的需求决定的，而是由新的需求决定的。通俗地说，当你三天没有吃到东西的时候，能得到一个馒头、一碗米饭或者一碗面条，就是你最大的愿望和需求,这时候如果有人跟你大谈人生的理想和奋斗,你会很生气,或者根本不理睬他。等你吃饱喝足了以后,你会想,我应该有一个固定的住所,稳定的工作才好,如果看到别人带着漂亮的女朋友逛街,你也会考虑什么时候自己才能有一个如花似玉的女友呢?这时,你就产生了安全需要、社交和归属需求。当安全、社交和归属需求都被满足了之后,你还会渴望得到别人的尊重,希望别人对你刮目相看,渴望得到鲜花与掌声。再后来,当你得到了所有需求的东西之后,你又似乎对这些东西已经不感兴趣了。此时,你只在乎自己,在乎自己是否发挥了潜力,在乎自己是否战胜了自己,这时候,你的需求就是自我实现的需求。

在人的五种需求中,自我实现需求是最高一级的需求,好员工应该是一个积极追求自我实现的人。自我实现需要包括两个方面:一是胜利感,二是成就感。马斯洛认为,每一个人都有天生的倾向——要努力达到能力的最高水平,也就是自我实现。具体来说,自我实现就是一个人使自己的潜力得到充分发挥,成为自己所能够成为的那种最独特的个体,使自己成为自己想成为的那种人。好员工在其他基本需求都得到满足以后,自我实现的需求开始突出。这时候他会很积极地去工作,对他而言,这时候的工作不是生活所迫,不是为了金钱,也不是为了获取荣誉,而是一种兴趣,一种锻炼自我的渴望。这时候他确确实实是以工作为乐,而不是以工作为负担。这时候,他的卓越绩效也就水到渠成了。

【案例】 努力证明自己

李新建刚刚应聘到一家民营企业做培训助理。报到后,人力资源部张经理跟他简单地交代了一下工作,大意是目前公司员工的素质跟不上企业发展的需求,因此需要加大教育培训力度，建立健全企业培训体系，并让他先熟悉一下公司的情况。之后，张经理就跟随老板出差去了。

在张经理出差期间，李新建花了三五天的时间基本熟悉了企业情况，并在熟悉的过程中进行了培训意愿和需求调查。接下来，他又主动找到公司的两个副总了解了公司的发展战略，弄清了公司扩展业务的过程中所面临的人力资源管理方面的问题。之后，他一不做二不休，花了一个多星期的时间，熬了几个通宵，草拟了一份《公司教育培训体系方案》和一份《公司战略发展与人力资源管理建议》。

大概半个月后，张经理出差回来，李新建呈上了自己的工作成果，张经理有些吃惊，连声说："好，想不到你还真有两下子，你这孩子……"

现在已经是人力资源部经理的李新建回忆当时的情况时，仍然很激动："其实，我当时就是希望把自己的能力表现出来，证明我自己不是吃白饭的。最让我开心的就是我提出的方案，很快就被公司采纳了，而且公司通过实施人力资源素质提升计划，确实尝到了甜头，老板说人力资源管理的快速跟进，为公司的业务转型和扩展立了大功。这就像上中学时我的作文在全班被当成范文来读一样，令我激动不已！"

不要总是等着老板和上司给你安排工作，更不能等着老板和上司给你晋职加薪的机会。好员工总是自动自发地工作，这仿佛是他们的本能使然。机会是一种想法和观念，它只存在于那些能够认清机会的人的心中。在取得了一次战役的胜利后，有人问亚历山大大帝是否要等待下一次机会，再去进攻另一座城市。亚历山大听后大发雷霆："机会？机会是靠我们自己创造出来的！"不断地自我实现才能创造源源不断的机会，也唯有不断创造机会的人，才能实现自己的职业价值和职业理想。

你是一个积极追求自我实现的人吗？可以参考一下深受立邦公司欢迎的好员工标准：

在同事眼里：你是不知足的人，工作清闲，你却说闲坐不住；你不够机灵，不知道主管不在的时候正好可以偷懒；你太好表现，任何工作总抢在前头，总想做得更好；你有点吹毛求疵，工作明明已经完成，你还要改进；你自命清高，从不屑参加上班时别人的"聊天大会"；你太过愚笨，不是你的错，你却偏说你也应该承担责任；你好管闲事，公司的前途有老板操心，你又瞎起什么劲；你处处和别人不同，实在有点"出格"；但我们知道你的"出格"正是你的优点所在。

如果在那儿，这一切得不到认同和赞赏，那么为何不到我们这里来，因为在这里，我们就需要你这样"出格"的人。

二、警惕"态度滑坡"

绩效低下的人总是把工作当成一种无奈的选择，他们唉声叹气、极不情愿地从事着手头的工作，自然没有效率和效果可言。而好员工则把工作当成一种学习的兴趣、成长的过程和自我价值的体现，所以，他们总能以创造性的工作超出老板和上司的期望。他们总是努力将工作做得更好或使自己的工作达到优秀的标准，他们对工作中存在的不足难以容忍。如果工作做得不好，他们会产生强烈的不满足感，这种感觉驱使他们千方百计地去克服工作中的缺点。

1."较真儿"就是负责任

古希腊雕刻家菲迪亚斯被委任雕刻一座雕像，雕像完成后，雅典的会计官却以没有人看见他的工作过程为理由拒绝支付薪水。菲迪亚斯反驳说："你错了，上帝看见了！上帝在把这项工作委派给我的时候,他就一直在旁边注视着我的灵魂!他知道我是如何一点一滴地完成这座雕像的。"

其实,当你从事一项工作,或者接受一项任务或委托的时候,你的心中就会有一个上帝,这个上帝就是你对自己、对他人、对企业、对社会的责任和承诺。菲迪亚斯相信上帝看见了自己的努力,他用自己的良知证明自己的雕像是一件完美的作品。事实证明了菲迪亚斯的伟大,这座雕像在2400年后的今天,仍然伫立在神殿的屋顶上,成为受人敬仰的艺术杰作。菲迪亚斯不仅出色地完成了上帝赋予自己的伟大使命,而且还把使命的意义传达给后世的人们,这就是:工作是一种天职!

【案例】 爱较真儿的郑昊

郑昊爱较真儿在公司是出了名的。在一般人看来,只要用户不投诉,产品研发者对自己研发的产品存在的微小瑕疵,大都是睁一只眼闭一只眼,别人不找事,自己何苦多此一举呢?可是,郑昊偏偏不这样想。他说:"有的小毛病无伤大雅,用户一般是不会投诉的,出现事故的概率相当小,不是非解决不可的,我可以置之不理。但是,这个瑕疵的存在就像是眼中钉、肉中刺一样,让我浑身不舒服,心里不痛快,所以非要把它查出来,改过来不可。"

正是因为郑昊"眼睛里容不得沙子",所以他总是不断地否定自己的设计,有时甘愿承担被扣掉年终大额奖金的风险,有时甚至把自己折腾得死去活来。也正是在一次次的折腾自己的过程中,大学毕业不到五年的郑昊终于把自己"折腾"到了一家大型企业技术研发总监的位置上。

其实,这种爱较真儿正体现出一种难得的职业责任感和使命感,是在履行自己的职业良知和承诺,很多时候,好员工都被认为是一个爱较真儿的人,他们总是跟自己较真儿,跟工作较真儿。

2000年初的一天,大连市公汽联营公司702路422号双层巴士司机黄志全,在行车的途中突然心脏病发作,在生命的最后一分钟里,他做了三件事:

——把车缓缓地停在路边,并用生命的最后力气拉下了手动刹车闸;

——把车门打开,让乘客安全地下了车;

——将发动机熄火,确保了车、乘客和路人的安全。

他做完了这三件事之后,趴在方向盘上停止了呼吸。

这只是一名平凡的公共汽车司机,他在生命最后一分钟里所做的一切也许并不惊天动地,然而许多人却牢牢地记住了他的名字。这短暂的一分钟,是震撼人心灵的一分钟,是发人深省的一分钟,因为直到生命的最后一息,他也没有忘记自己的责任和使命。这是一个平凡到了最基层、却伟大到了极限的普通人,他用生命向世人说明一个人应该怎样承担职业赋予他的责任。

有句谚语说得好:"每一滴雨水都应该对暴发的山洪负责。"这句话说的其实就是责任。作为企业或组织里的一员,从上班的第一天起,从走进工作场所的那一刻起,你其实就已经开始在履行自己的责任了。一个人责任感的强弱,决定了他工作绩效的高低。没有做不好的工作,只有不负责任的人。

2. 工作不论"分内""分外"

许多人总是抱着上司安排什么干什么,工作说明书上怎么要求就怎么做,反正把分内的工作和事情干好,不出差错,对得起工资就行了。按说,能够坚持做到这些就已经很不容易了。但是,好员工总是能再进一步,看看自己的工作还有没有需要改进的地方;看看公司的其他业务自己能不能出把力,看看自己还能给团队或公司做些什么贡献。如果坚持这样自动自发地想,坚持这样自动自发地做,你的职业价值和职业生涯可能会发生质的变化。

【案例】 自动自发,终有回报

1998年,计算机本科毕业的李万钧进入微软上海技术中心工作。虽然他只是技术支持中心一名普通的工程师,但他非常想干好毕业后的这第一份工作。当时经理考核他的方法是每月给他一份"成绩单",月底拿到这个"成绩单"时,李万钧才知道自己上个月做得怎么样,在整个团队里处于什么样的水平。他想,如果每天都可以拿到这样的"成绩单",岂不是能更快地了解自己的工作情况,每天都可以改正不足,得到提高?经理也可以通过每天的"成绩单"更好地调配和督促员工。基于这种想法,李万钧在工作之余,又深入地了解了部门的绩效考核系统,他发现了这个系统的另外一些缺陷:当时微软上海技术支持中心只有三、四十人,如果遇到新产品发布等业务量突然增大或者有员工请假的情况,就会耽误很多工作,这种不协调已经遭到了客户的投诉。

这两方面的原因坚定了年轻的李万钧要主动做些事情的决心。于是,他花了一个周末的时间,用ASP(活动服务器网页)编写了一个具有他所期望的基础功能的报表小程序。不久,时任微软全球技术中心总经理的唐骏经过工作区时,李万钧向他展示了这个小程序。唐骏马上意识到这些想法和小程序的价值,他与李万钧交谈了很长时间,并鼓励他继续开发这个程序。一个月后,李万钧的"业余作品"——基于WEB内部网页上的报表投入使用了,取代了原来从美国照搬过来的EXCEL报表,并且达到了预期的激励员工和更好的服务客户的目的。这之后两年的业余时间里,李万钧每个月都

> 不断新增报表系统的功能。这套系统的应用范围不断扩大，后来，这个系统甚至在欧洲也得到了应用。
>
> 自动自发的工作品质使李万钧很快赢得了机会。2000年，微软决定专门为大企业提供直接上门的现场服务，唐骏把组建亚洲现场支持部的重任交给了李万钧。这一年，年仅24岁的他成为微软历史上最年轻的中层经理，2002年他更因在上海技术中心的出色表现，被调往美国总部任高级财务分析。

美国约翰·肯尼迪总统的就职演说里有一句经典名言："不要问你的国家能为你做些什么，而应该问你能为国家做些什么。"我想，这句名言同样可以作为你职业生涯的基本准则。如果你不想被别人替代，如果你期望有所作为，如果你期待拥有更大的发展舞台，你就有必要经常对自己说："不要问我们的公司和老板能为我们做些什么，而应该问我们能为公司和老板做些什么。"

自动自发而不是被动应付，积极主动而不是消极等待，企业将因你而精彩，你将因精彩而成功！

3. 跳出"老油条"怪圈

如无特殊情况，员工个人出现以下情况：持续绩效低下，总是完不成业绩目标，绩效考核结果不理想，或迟迟得不到重用、提拔和加薪，那就要检查一下自己是否陷入了"老油条"的怪圈。

"老油条"这个词的意义对中国人来说是家喻户晓，可以说它是消极应付和不思进取的代名词。企业和单位对"老油条"式员工的态度是复杂的，可以说是既恨又爱。恨的是他们有时偷懒耍滑，投机取巧，玩世不恭，由于他们的"示范"作用，又给企业"培养"了他们的接班人——"小油条"，致使企业整体素质和绩效不断下滑；爱的是他们曾经是企业的精英和栋梁，为企业的发展做出过贡献，他们有着比较丰富的工作经验，也具有相应的工作能力，当他们状态比较好的时候，还确实能为企业排忧解难。企业这种对"老油条"员工爱恨交加的情结，决定了"老油条"们如"鸡肋"一样尴尬的职业境地——食之无味，弃之可惜。

落入"老油条"的职业境地可以说是人生的悲哀，是职业生涯的失败，是对自己前期努力与职业理想的彻底否定。这应该引起每一个职业人士的警觉。

在企业培训和咨询的过程中，我特别关注了"老油条"现象，并在20多家企业进行了抽样调查和分析。其中的一些现象和一些或许不太成熟的结论令我自己感到无奈甚至是震惊。

下面是一个"油条曲线图"：

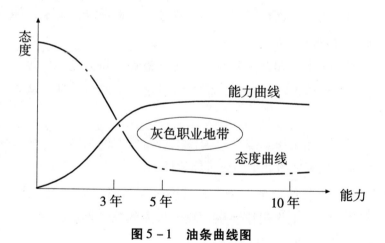

图5-1　油条曲线图

从上图可以看出，一般情况下，随着参加工作时间的推移，工作态度由高到低呈逐渐低迷状态，而工作能力则由低到高，大约在3~5年内形成比较稳定的能力状态。可以说工作后的3~5年，或者在一个单位工作3~5年，是一个比较关键的职业时期，在这个阶段，工作态度出现消极应付的下降倾向，似乎开始看破红尘；工作能力的发展出现停滞的局面，不愿意学习新的技能。这时候，如果个人不注意态度的端正与能力的提高，将来的职业生涯可能会在不死不活的"职业灰色地带"度过。这样的结果与人力资源专家研究的"职业倦怠"现象、"职业天花板"现象不谋而合。而对与企业解除劳动合同员工的分析研究表明：从第三年起，大部分"老油条"员工开始惨遭被淘汰的厄运。

"老油条"员工有如下八大典型表现：

（1）爱摆老资格，居功自傲，对自己以前的"闪光点"津津乐道，拒绝和抵制变革；

（2）好为人师，在新员工或年轻员工面前指手画脚，只说不做；

（3）对工作消极应付，得过且过，对责任能推就推，能躲就躲，对荣誉和利益能争就争；

（4）抱怨公司政策不公，抱怨老板和上司无能，抱怨同事不配合，抱怨下属水平低，抱怨客户挑三拣四，就是不从自身找原因；

（5）只吃老本，不立新功，爱讲条件，好找借口，停止知识更新，出现能力瓶颈，导致绩效低下；

（6）斤斤计较个人得失，时不时闹情绪，动不动耍大牌，不服从领导，工作纪律涣散，缺乏自我约束，爱搞特殊化，基本没有团队意识和团队精神；

（7）传播消极信息，喜欢当老好人，教唆新员工一些不当行为，开始培养"小油条"；

（8）巴结奉迎上司和领导，靠不正当的关系保住自己的饭碗。

如果你出现了上面的"老油条"的某个或某些症状，那么你就要警惕了，这说明你开始离好员工的标准越来越远了。找一个星期天，在家里自省一下，看看自己是否沾染了"老油条"的习气？如果有，请你详细列出自己"老油条"的具体表现，并逐条制订具体的改善计划和措施。假如不能警醒自己，约束和提升自己，任凭自己在"油锅"里翻来覆去不能自拔，等待"老油条"的结局无非是老暗焦黄，面目可憎，被淘汰出局只是时间问题。所以，对自己出现的"老油条"的个别特征万万不可掉以轻心！

三、让生命怒放

有一天，一个小女孩到果园里玩耍，看上了一个又圆又大的西瓜，她想把它买下来。"那个西瓜要3美分。"园主说。"可我只有1美分。"女孩说。园主指着另一个很小的西瓜说："那个怎样呢？""那我就要那一个。"女孩说"不过，就让它留在那里，我一个月后回来拿。"这个小女孩真是太聪明了，她知道时间能够让所有的东西成长。

人也是如此，如果人生不会进步，停止了智力、能力的成长，最后结不出丰硕的果实，那他就连一棵普通的植物都不如。那么，应该如何怒放生命之花，让它结出丰硕之果呢？

1. 日行一善

20世纪60年代，一个15岁的小男孩跟着父亲移民到美国，当他们踏上美国的国土时，全家所有的家当，就是他父亲口袋里那一沓已经作废了的纸币。为了生存，小男孩就跟随父亲外出打工。每天出门前，父亲都告诫他说：只要有人答应教你学习英语，并给你一顿饭吃，你就留在那儿给人家好好地干活。小男孩带着父亲的叮嘱来到了一家小饭馆，得到了做服务生的

好员工是这样炼成的

第一份工作。由于他勤快好学，踏实肯干，老板很快就喜欢上了他，为了能让他学好英语，老板甚至把他带到家里，让他和他的孩子们一起玩耍，沟通交流。

有一天，饭馆老板告诉他，给饭店供货的食品公司招聘营销人员，如果小男孩愿意的话，他可以帮助引荐。这样，他获得了第二份工作——在一家食品公司做推销员兼货车司机。上班的头一天，父亲告诉他："我们祖上有一条遗训，叫'日行一善'。在家乡时，父辈们之所以成就了那么大的家业，都得益于这四个字，现在你到外面去闯荡了，也应好好记着。"他又牢记父亲四个字的教诲，开始了新的工作。当他开车送货的时候，总是做一些力所能及的善事，比如主动地卸货并按店主的要求摆放在合适的位置；帮店主把一封信带到另一个城市；让放学的孩子们顺便搭一下他的车等。一晃四年过去了，第五年，他意外地接到总部的一份通知，要他去墨西哥统管拉丁美洲的营销业务，通知上说：你在过去的四年中，个人的推销量占佛罗里达州总销售量的40%，应予以重用。

之后，拉丁美洲市场被他迅速打开，之后，他又被派到加拿大和亚太地区。1999年，他被调回了美国总部，任首席执行官。随后，他又被提名出任下一届政府的商务部部长。

他就是卡罗斯·古铁雷斯。

如今，卡罗斯·古铁雷斯这个名字已成为"美国梦"的代名词，然而，大家却很少知道古铁雷斯成功背后的故事。有一次，《华盛顿邮报》的一位记者去采访他，问他如何才能改变个人的命运？古铁雷斯说了这么一句话："一个人的命运，并不一定只取决于某一次大的行动；我认为，更多的时候，取决于他在日常生活中的一些小小的善举。"

"大善"是人生的最高的境界，这种境界需要从日常的"小善"开始。"善"就是用一颗热诚的心，认真地对待工作，认真地对待他人，把每一件事情、每一个任务都努力地做到最好。每个人都是自己职业成功和生活幸福大厦的建筑师，你现在所堆砌的一砖一瓦，所竖起的一个柱子、一道梁、一面墙，就是你眼下的工作质量。如果你粗制滥造、偷工减料、得过且过，最后你会吃惊地发现，你将不得不住在自己亲手建造的四面透风、到处漏雨的房子里。

好员工深知"麦田法则"的道理，他们就像麦田里的守望者，持之以恒地播种、除草、施肥、浇灌，他们辛勤的付出必将换来硕果累累、五谷丰登的那一天！

2. 做一棵根系发达的毛竹

冰心说："成功之花，人们只惊羡于它现时的明艳，然而当初它的芽儿，浇灌了奋斗的泪泉，撒遍了牺牲的血雨。"这句充满哲理的话，其实就是职业和人生成功的真实写照。

台湾著名作家林清玄，小时候随父兄在田野里"汗滴禾下土"的时候，他就有一个美好的梦想：当个作家，坐在家中写字，别人给他寄钱。父亲说，你不要做白日梦了，还是好好干活儿吧。可是他还是偏偏在继续做梦，梦还真灵，17岁那年他真的发表了几篇作品。这一下子，他的梦被彻底激活了，考上新闻专科学校电影专业后，他除了上自己喜欢的编导课之外，剩下的时间都是在写作。可能是由于知识的欠缺以及生活阅历的贫乏，或者是其他什么原因，他这时写的很多东西总是不能发表。

沮丧的他来到了教授的办公室，把自己的苦闷与烦恼一股脑儿都说了出来。教授这时也没有安慰他，只是轻描淡写地说起了一种植物。教授告诉他，有一种毛竹，在它生命的最初五年里，你几乎看不到它的生长，即使风调雨顺也是如此。但是，只要五年一过，它就会像被施了魔法一样，开始以每天半米多的速度迅速生长，并在六个星期内长到五六十米的高度。稍作停顿，教授又对他说，当然，这个世界上是没有魔法的，毛竹的快速生长是因为它拥有了那长达几英里的根系。原来看上去默默无闻的它，其实一直都在壮大自己的根系，它用五年的时间积蓄了自己强大的生长能量，最终创造了神话。

从教授办公室出来后，林清玄开始大量阅读名著，学习理论技巧，深入地观察生活，每天坚持写3000字，笔耕不辍，但很少再去投稿。几年后，他继写出了第一本书《莲花开落》，之后，又写出了《春火》、《大地勇士》等小有名气的几十部剧本。30岁前，他得遍了台湾所有的文学大奖，成了台湾著名的畅销书作家。后来，人们问起他成功的经验时，他总爱说："做一棵有魔法的毛竹。"

有的人被世俗的眼前小利所诱惑，在终日忙碌的过程中，忘记了积累自己的职业资源和职业能力。他们不懂得厚积薄发、韬光养晦的道理；他们不会持之以恒，默默积累，静静守候，也不会像瞄准猎物的豹子一样，等待爆发的时机。厚积薄发是通向成功的必然阶段，只有从小处着眼、积蓄力量，才能伺机而动、逆风飞扬。

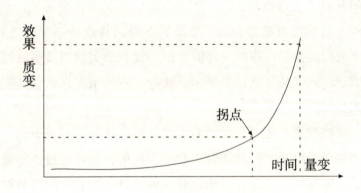

图5-2 从量变到质变的过程

有量变才能引起质变，有原因才能导致结果。这是决定自然界和人类社会不断进步的两大规律。

从上图可以看出，从量变到质变有一个漫长的累加过程。有的人说："我每一件事情、每一项工作都争取做多一点、做好一点、做快一点、做省一点，可是为什么上司和老板总是看不见，不要说加薪、升职了，就是连个表扬也没有啊！"千万不要这样想。一方面，没有看到自己预期的期望，是因为你还没有做得彻底，你的量变还没有达到引起质变的程度，不要半途而废，要坚持。其次，你坚持这样做了，自己的工作业绩是不是更好了？自己的工作质量是不是更高了？自己的工作能力是不是提升了？自己的职业信心是不是更足了？这些职业素质的提升是不是比上司的表扬甚至加薪更重要？再说了，你在修炼自己出色的工作品质，培养自己良好的职业习惯，积累自己未来的职业竞争力，这本身就是一个追求卓越的人必须经历的过程，就像你平时刷牙、洗脸一样自然。

烟花爆竹外表平凡，其貌不扬。不到表演的时刻，它们从不张扬炫耀，虚张声势。可是，一旦点燃了机遇的火花，它们积聚的能量便即刻显现了出来，那直冲云霄、一鸣惊人的豪气，那璀璨夺目、五光十色的灿烂，似乎向人们昭示着一个道理：寂寞可以开出美丽的花，积累才能结出丰硕的果。

好员工就是一个耐住寂寞，韬光养晦，十年磨一剑，最终用量变换来质变的人。

3. 扬起人生的曲线

扬弃是大哲学家黑格尔解释事物发展过程的基本概念之一。他认为，在事物的发展过程中，每一阶段对于前一阶段来说都是一种否定，但又不是单纯的否定或完全抛弃，而是在否定中包含着肯定，从而使发展过程体现出对旧事物既有抛弃又有保留的性质。只有科学地自我扬弃、自我否定,才能实现自我超越和自我发展。

人的生命"数量"是一条抛物线,也就是从婴儿、少年、青年、壮年到老年这个发展过程中,人的精力与能力是从不断地上升到不断地下降的。但是,人的生命的"质量"却不应该是一条抛物线,而应该是一个不断扬弃、持续进步、永无止境的螺旋上升的曲线。我把这种上升曲线叫做"黄金人生N次上升曲线":

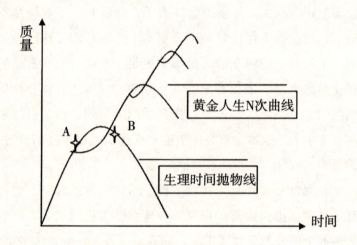

图5-3　扬起人生N次上升曲线

事物的发展是经过扬弃实现的,是"外在否定"和"内在否定"协同促成的结果,人们认识能力的有限,决定了人类实践只能是接近真理的过程。昨天正确的东西,今天不见得正确;上一次成功的路径和方法,可能会成为这一次失败的原因;今天的成功不能决定明天的成功。所以,如果不能勇敢地否定自己,总有一天会被别人否定。

事实上,否定别人容易,否定自己困难,如果在自己已经比较成功,比较舒服的情况下,也就是上图中的"A"点,主动地扬弃和否定自我更是难上加难。问题是，不少人沉醉在昨天成功的掌声里而不能自拔，"小富即安，小成即满"，故步自封，骄傲自大，忘却了学习，忘却了进步，忘却了身外日新月异的变化，忘却了竞争对手的围追堵截，结果是走到了自己职业生涯开始滑落的"B"点时才有所警觉，这时再洗心革面，可能为时已晚了。

【案例】 黄小妹的黄金人生"N"次曲线

黄小妹出生在一个并不富裕的农村家庭，2001年她和成千上万的打工妹一样，来到了广州，在一户人家当保姆。看到她聪明伶俐，勤奋朴实，雇主有一次对她说："你年纪还小，当保姆也不是长久之计，应该学习点知识和技能才对。"这样，在雇主的指导下，黄小妹报名参加了一个文秘学习班。

转眼间雇主家的小男孩上了幼儿园，雇主就把黄小妹介绍到了朋友开办的速记公司去工作。黄小妹的岗位名义上是文员，实际上却和勤杂工差不多：整理文件、接听电话、打扫卫生，还要给公司其他的员工买菜做饭。过了几个月，她发现自己的工资每月才六百多元，可是和自己差不多大的那些做速记的女孩子，月薪却是四五千元。有一次，黄小妹鼓起勇气问速记员小王："你看我能做电脑速记吗？"小王笑着摇摇头说："速记机是用拼音输入的，你连普通话都讲不标准，怎么能做速记呢？"这下她心里有底了：普通话不标准多练习不就行了么。

这之后，黄小妹第一次发现了自己的目标，她决心改变自己。在晚上给公司看门的时间里，她借来了速记和普通话教材，又买来一个复读机，一边强化自己的听力和普通话，一边练习速记输入法。不到三个月的时间，黄小妹就达到了每分钟70多个汉字的输入速度。后来她又从每天练三小时增加到每天五小时，从看着稿子练速记，改为听收音机和电视新闻练速记。经过半年多的努力，黄小妹每分钟已能速记近200个字，达到了担任现场速记的最低标准。2004年12月的一天，公司有几个会议业务要同时做，速记员不够用了，正当老板着急的时候，黄小妹主动请缨。她速记的第一份文件虽然还有些缺陷，但总算达到了公司的最低要求，并且为公司救了急，从此黄小妹正式成为了公司的一名速记员，每月的收入也达到了两千多元。

成为正式速记员之后，黄小妹并没有放松对自己的要求，她知道，对于一个优秀的速记员来说，1分钟200字的水平显然是不行的，速记的速度必须达到一般人说话的速度，也就是一分钟要能准确地速记200~240字。这时的黄小妹并没有满足于已经不错的工作和待遇，她决心向自己的潜力发起挑战，不论工作多累，每天回来后仍然加紧训练，一年后她已经能一分钟记录300多字了，成为了公司业务的佼佼者。

现在，黄小妹已经是当地小有名气的速记员了，很多公司重要的大型会议，都是点名要她服务，她的月收入也达到了上万元。可以看出，黄小妹黄金人生的"N"次上升曲线才刚刚开始。

《追求卓越》一书的作者汤姆·彼得斯指出："如果'卓越'一词在将来还能使用，也需要全面重新定义。也许可以定义为，'卓越企业并不相信卓越本身，而只相信不断的改进和不断的变化'。"这段话对于每一个渴望不断提升自己，成为好员工的人同样适用。

涨潮的时候，看起来所有的人似乎都在游泳，一旦退潮，谁没穿衣服便一目了然了；阳光普照的时候，所有的人都喜气洋洋，一旦西伯利亚寒风骤起，你是否准备好了度过寒冬的棉衣？做一个好员工，需要时刻进行卓越的准备，只有永不满足，持续进步，自我扬弃，不断提高，职业生命才会保持新鲜，不会发霉变质，才能在不断挑战自我、超越自我的过程中，享受到生命的美好和快乐。当你感到有些满足感或者飘飘然的时候，请及时地提醒自己、鞭策自己，随时扬起第二条乃至第"N"条人生上升的黄金曲线吧，那里将有你金灿灿的美好未来！

四、不放过成长的机会

在职业生涯中，你会面对各种各样的问题，遇到各种各样的困难，经受各种各样的诱惑，应对各种各样的挑战。无论是暴风骤雨，还是风和日丽，无论是成功的暂时光临，还是挫折的不期而至，你都要始终保持自己内在的定力，不断地明确方向，不停地付诸行动，持续地提升能力，让自己在各种情况下都能迅速成长。只有这样，你才能把握自己，争取主动。

1. 劳动有价成长无价

在企业里有两种人，一种对工资福利很敏感，斤斤计较眼前的得失，经常抱怨公司的政策不合理，老板太吝啬。在这种心态的支配下，他们的工作自然是应付差事，谈不上什么品质和质量。一般情况下，这种人常常是计较了一辈子，却始终在原来的职位上拿着不变的工资。还有一种人，他们似乎不太在乎环境和工资待遇，干起工作来劲头十足，有时还专挑别人不想干的棘手的事去做。人家问他："才给了你那么点工资，你犯得着那样拼命吗？"他们会说："那有什么，我不干活怎么能知道我的本事有多大？我不干一些困难的事，怎么能见大世面？"最后，这些不计较薪酬的人却得到了令人羡慕的年薪和待遇，他们就是企业和老板欣赏与重用的好员工。

俗话说："良田万顷，不如薄技在身。"所以，特别是在职业生涯的初期，你必须树立一个最基本也是最重要的理念：个人成长第一，工资待遇第二。一定要珍惜企业为你搭建的平台，把工作真正当成愉快的带薪学习的过程，抓住一切可能的机会，创造一切可能的条件，在职业实践中提高自己。试想一下，一般情况下，人生在世，除了父母和慈善家会花钱供你学习之外，还有别人肯花钱供你学习吗？如果有，那么这个人就是你的老板，老板给你开着工资，免费让你在他的"企业实验场"里学习锻炼自己，而所有的风险则是他独自承担。难道你不应该珍惜这样难得的机会吗？

每个职业人士在进行自己的职业生涯规划时，一般有三个导向。一是薪酬导向，就是以薪酬为中心，谁给的钱多就跟谁干；二是成长导向，就是把自己的能力提升和成长空间放在职业选择的首位，工资待遇差不多就行了；三是兴趣导向，就是把兴趣、爱好作为自己职业选择的主要标准。应该说，这三种导向没有对错之分，但是，对于一个想在职业道路上有大发展的人来说，恐怕能力导向应该是第一位的。因为，有了能力的依托，你不用担心你的薪酬，你才有选择发展兴趣的更大的空间。眼里只盯着工资高低的人往往忽视了自己能力的提升，这种舍本逐末的行为，最终将在频繁的跳槽之中荒废了自己的能力，也得不到自己获取高薪的砝码。

好员工在最初的职业生涯里，都是以能力为导向的人，他们不是不知道薪酬的重要，而是为了将来获得更多、更高的薪酬，他们能够舍弃眼前的蝇头小利，着眼于自己终生职业能力的提升，他们将是最终获得最大收益的人。

著名银行家克拉斯年轻时也在不断地变动工作，但是他始终抱有一个梦想——想管理一家大银行。他曾经做过交易所的职员、木料公司的统计员、簿记员、收账员、折扣计算员、簿记主任、出纳员、收银员等，换了一个又一个的工作岗位，最后才接近自己的目标。

在谈到他年轻时为什么频繁换工作时，他说："一个人可以有几条不同路径达到自己的目的地。如果我换工作仅仅是为了每周多赚几块钱，恐怕我的将来早为现在而牺牲了……我之所以换工作，完全是因为现在的岗位、公司或老板无法再给我带来更多的教益了。所以，你必须懂得自己想做什么，想要什么，为什么要这样做。"

无论何时何地，你都要把自己的职业成长和能力提升当成第一位的事情，只要在成长方面有所收获，工资待遇方面的事要学会看得淡一些、忍耐一些。如果在良好的成长环境下，你斤斤计较工资福利，你就是在与自己的职业未来斤斤计较，你必定不会达到更高的职业境界。如果这家公司能够让你提升能力，即使工资再少，待遇再低，也应该坚持干下去。记住：不要因为薪酬而跳槽，而要为能力而跳槽！

2. 现在是未来的种子

想一想自己的经历，你是不是经常做一些规划、计划。看到英语确实有用，就把英语教材、辅导练习册、听力磁带买了一大堆，不到半年就坚持不下去了，于是对自己说：眼下工作真是太忙了，等以后有了时间再学吧。到现在那些学习资料还在柜子里睡大觉，扔了可惜，不扔又没有用，只能证明自己是一个不善于行动和坚持的人。

【案例】 不到长城非好汉

"不到长城非好汉"这句毛主席诗词影响了一代又一代的中国人。一个风华正茂的少年在他18岁时立下誓言，一定要在自己高中毕业时到长城去看一看。紧张的高考结束了，高考之后是填报志愿、等待分数、等待录取通知书，哪还有去长城游览的心情。他想，等上了大学，在相对轻松的时候再去长城。可是大学四年一晃就过去了，由于种种原因他一直没能成行。大学毕业之后就是东奔西走地找工作，他对自己说，等找到了工作，有了稳定工作和收入，就一定要登上长城实现自己的诺言和当"好汉"的梦想。

名牌学校加上优异的学习成绩，他很快如愿以偿地找到了一家不错的公司，并得到了一个不错的职位。可是，新的环境、新的工作岗位和巨大的工作压力，使他又暂时放弃了自己的梦想。之后，他谈恋爱了，他想，和女朋友一起去长城该多好啊！但是，他的时间总是与女朋友时间凑不到一块儿，不得不一次次地推迟他登长城的计划。有很多次，他出差到北京，总想找机会去一趟长城，结果，不是紧急办完事就风急火燎地回到了公司，就是参加会议、约见客户，根本没有时间去。再之后，他结了婚，建立了家庭，有了自己可爱的小宝宝，没完没了的工作和柴米油盐的家中琐事，使他又一次次地打消了圆梦的念头。

天有不测风云，正当他幻想着一家三口高高兴兴地去一趟长城的时候，他患了白血病而躺在了病榻上。在焦急等待骨髓配对的过程中，他眼泪汪汪地对病床前的妻儿说："我对不起你们，是因为我可能走得太早，没有办法再照顾你们了。我也对不起自己，是因为我始终有一个登上长城的夙愿一直没有实现，看来，我这辈子真的做不成好汉了……"

这个案例说明，人生中会有很多梦想和理想，当你决定要做某一件事的时候，一定要排除一切外界的干扰和诱惑，马上行动，否则，即使再美好的梦想也仅仅是幻想而已，到头来只能是说不出的遗憾，甚至是抱憾终生。比如，有的人总想等到工作不忙了再去检查一下身体，等到有空了再抽时间看点儿书，等到出差了再顺便回家看望父母，等到明年一定要参加职业资格证书考试……结果，总是没有时间，总是在等待中错过了自己最重要的事情。好员工需要深刻地反省一下自己：自己是不是理想的巨人，行动的侏儒？

在犹太人中，流传着这样一个故事：数百年前，一位聪明的老国王召集手下的大臣，给他们安排了一个任务：编一本各时代智慧语录全集，让子孙后代在先人智慧的指引下创造财富，过上幸福生活。

大臣们经过千辛万苦，历时几年终于完成了一部12卷的巨作。老国王看了后说："你们确实辛苦了，我确信这是各时代的智慧结晶。但是，它太厚了，我担心没有人会坚持读完它。还是再浓缩一下吧！"这些大臣又经过两年的努力，几经删减之后，完成了一卷书。然而老国王还是认为太长了，又要求他们继续浓缩。没有办法，大臣们又把一本书浓缩为一章，然后浓缩为一页，再浓缩为一段话，最后则浓缩成一句话。老国王看到这句话时，显得很得意，说："各位大臣，这真是各时代的智慧结晶，并且所有的人一旦知道并努力实践这个道理，他们每个人一生都会拥有充满财富和幸福的人生。"

这句千锤百炼的话是现在地球人都知道的："天下没有免费的午餐。"

春华秋实，付出才有回报，行动才能成功。什么是时间？时间就是现在。不要重复祥林嫂式的："我本来应该""我本来能够"之类的无用的自欺欺人的谎言。成功不是在期待中来到的，而是在行动中光临的。你必须坚持养成一种习惯：任何一件事情都必须在规定好的几分钟、一天或者一个星期内完成，每一件事情都必须有一个期限。如果坚持这么做，你就会努力赶上期限，而不是永无休止地拖延下去。

还是那句话：未来是由现在构成的，现在的状态决定未来的状态，现在的努力决定未来的成败，浪费现在等于丧失未来！等待只能失败，行动才会成功。

3. 狠下心来对自己

曾经有一位立下了赫赫战功的上将，有一次他参加一个朋友家孩子的生日宴会，孩子的母亲请他说几句话，以作为孩子漫长人生道路上的准则。将军把自己的人生经验总结成一句极简短的话："教他懂得如何自制！"可以看出，良好的自我管理能力对人生成功的重要意义。

本杰明·富兰克林是美国智慧和财富的化身。他少年时代只读了两年书，就去印刷厂当了学徒。然而，数年之后，这个印刷工人却成为了享誉世界的伟大政治家、美国《独立宣言》的主要起草人。而且，他还揭开了雷电之谜，并发明了避雷针，被歌德称为"第二个普罗米修斯"，被后人誉为"电学中的牛顿"。他的商业才能使他积累了巨大的财富，并用自己的财富建立了美国第一个公共图书馆，创办了美国著名的宾夕法尼亚大学。

1790年，84岁高龄的富兰克林去世后，美国最著名的诗人菲利普·弗瑞诺用这样的诗句悼念这位不朽的世界伟人：帝王们辗转衰落于尘埃／寻找一个继承者轻而易举／举世无双的富兰克林啊／却又有几人可与您匹敌／你横扫了暴君的飒飒威风／让九天的怒雷远远回避

富兰克林成为一代伟人，与他坚持一生的自我修炼与自我管理是密不可分的。早在青年时代，年轻的富兰克林就为自己订立了终生实践的人生准则，这就是举世闻名的"富兰克林十三个人生信条"，这些信条包括：节制、寡言、秩序、决心、节俭、勤奋、诚恳、公正、适度、清洁、镇静、贞节、谦逊。

【案例】 富兰克林的十三个人生信条

富兰克林一生最真实的写照，是他自己所说过的一句话："诚实和勤勉，应该成为你永久的伴侣。"而富兰克林著名的"十三个人生信条"以及终身恪守这些人生准则的毅力则是这位伟人留给后人最宝贵的精神遗产：

1. 节制：食不可过饱，饮不得过量。

2. 缄默：避免无聊闲谈，言谈必须对人有益。

3. 秩序：生活物品要放置有序，工作时间要合理安排。

4. 决心：要做的事就下决心去做，决心做的事一定要完成。

5. 节俭：不得浪费，任何花费都要有益，不论于人于己。

6. 勤勉：珍惜每一刻时间，去除一切不必要之举，勤做有益之事。

7. 真诚：不损害他人，不使用欺骗手段。考虑事情要公正合理，说话要依据真实情况。

8. 正义：不损人利己，履行应尽的义务。

9. 中庸：避免任何极端倾向，克制报复心理。

10. 清洁：身体、衣着和居所要力求清洁。

11. 平静：戒除不必要的烦恼。也就是指那些琐事、常见的和不可避免的不顺利的事情。

12. 贞节：少行房事，决不使身体虚弱、生活贫乏，除非为了健康或后代的需要。不可损坏自己或他人的声誉或者安宁。

13. 谦逊：以耶稣和苏格拉底为榜样。

简单而又具体的十三个人生信条伴随着富兰克林伟大而卓越的一生。

在这之后，富兰克林发现光有这些纸上的东西和心中的理念不行，必须将这些信条落实在具体的行动中，正如他在自传中所说："坏的习惯必须打破，好的习惯必须培养，然后我们才能有希望使自己的言行举止始终如一、坚定不移。"于是，他开始了改正坏习惯、建立好习惯的旷日持久的自我修炼的人生旅程。

在他的行囊中，始终装着一个小本子。在小本子里，他为自己设计了一个十三项美德落实检查表，并坚持每天反省检查自己。如果落实了，他就在相应的美德下面划一个红点，如果没有落实，就划一个黑点，并认真反思自己为什么没有遵照执行。就这样，经过日复一日、月复一月、年复一年的刻苦修炼，他为自己立下的十三个人生信条变成了他卓越人生的习惯，这些人类崇高的美德终于在富兰克林的身上变成了现实，而与之相伴的是富兰克林的历史功勋和伟大英名将永远镌刻在世界历史的天空。

为了给后人留下这一珍贵的遗产，他在79岁高龄时，用了整整15页纸，记述了他的人生信条，因为他确信自己的一切成功与幸福皆受益于此。他在自传中写道："我希望我的子孙后代能效仿这种方式，有所收益。"

每一个好员工都懂得，轰轰烈烈的事业未必有轰轰烈烈的开始，点滴的积累和持之以恒的行动，才会成就人生的辉煌。方法比知识重要，行动比方法更重要。在这里，不妨借鉴一下富兰克林的自我修炼方法，分三步开始打造通向好员工的卓越之路。

第一步，确立目标。根据本书提供的一些方法、理念和观点，加上自己平时的学习与思考，检讨自己存在的不足和问题。这里，要找出影响你职业进步和目前业绩的关键问题，急需改正的缺陷和不足。比如，工作缺乏计划，没有主次，效率低下；

工作粗心，自我要求标准低，缺乏责任意识；专业知识或能力不深不透，不专业，不专心；没有认真、严谨、细致的工作习惯，喜欢"差不多"；容易发脾气，人际关系紧张等。在检讨自己存在问题的关键点时，要能够与自己日常行为的具体事例结合起来，以便找出的问题具有针对性。这个过程中，应该寻求老板、上司、同事、同学、朋友或者家人的帮助，这样会从更多的角度、更广的范围发现自己的不足和缺陷。当然，你一定要做好心理准备，能够坦然地面对他人提出的建议。

第二步，树立信心。如果你没有足够的改善自我的毅力和信心，请你就此打住，不要自找麻烦，如果坚持不下来，反而又一次打击自己的自尊心。有一个方法可以帮助你树立信心。首先请你设想一下，如果上面找出的问题，长期得不到改正将会出现什么样的后果？自己的绩效将会受到什么样的影响？自己的人生和家庭将会是什么样的局面？接下来，请你再设想一下同样的问题，如果自己改掉了那些影响绩效和职业进步的坏毛病，树立了良好的态度、提升了能力、改进了方法、培养了好习惯，自己的业绩、薪酬、职务、前途、家庭等又将会是一个什么样的情形？这些设想越具体、越细致越好，最好能写在纸上。想清楚了利弊，你自然会信心倍增，当你偶尔感到懈怠的时候，还要这样想，或者把原来纸上记录的东西拿出来看看。

第三步，行动计划。现在，你就要开始行动了，怎样开始行动呢？建议你先找1~3个最急需改进或完善的行动目标，然后，对这些完成目标的具体步骤进行定义，比如拒绝拖延、雷厉风行这个习惯，你可以这样定义：任何事情和工作，一旦确定之后，马上行动，当天的事情和工作必须当天完成。之后，列一个行动落实检查表：

表 5-1　行动落实检查表

日期	马上行动	认真细致	控制不良情绪
1 日	√	√	√
2 日	×	√	√
3 日	√	×	×
……			
30 日	√	√	√

　　你可以一次确定一个建立好习惯的目标，也可以一次确定多个，不过一般不应超过三个目标。可以做一个月检查表，也可以做一个周检查表。对照检查应该每天进行，你可以将这个行动计划纳入自己的工作日志，对照当天的具体行为，看看是否得到了落实。如果做到了，你就在对应的方格内打个√，如果没有做到就在对应的方格内打个×，并反省自己为什么没有做到。

　　研究表明，一般情况下，去除一个不良习惯，建立一个好习惯，需要21天才能初见成效，三个月后即可固定下来。如果在最后一个月你的落实率达到100%，那就可以再制订另一个行动目标。如果达不到100%，说明你还没有把这个习惯固定下来，它还没有成为你的潜意识，建议你将这个目标再延长一个月，直至它彻底变成自己的自觉行动为止。

　　【案例】　伟大是磨出来的

　　有一个荷兰农民，初中毕业后没有事情可干，就在小镇上找到了一个看门的工作。他在这个岗位上一干就是60多年，没有离开过这个小镇，也没有再换过其他的工作。因为工作比较清闲，他就用打磨镜片来打发时光。就这样，他磨啊磨啊，翻来覆去地打磨一个又一个镜片，一磨就是60多年。天长日久，他打磨镜片的功夫和技术已经超过专业技师了，他磨出的复合镜片的放大倍数，比专业技师磨出的都要高。有一天，他在自己打磨的镜片里，意外地发现了当时科技界尚未知晓的另一个广阔世界——微生物世界。只有初中文化的他从此声名大振，最后被授予了很多科学家都得不到的巴黎科学院院士的头衔。他就是科学史上大名鼎鼎的荷兰科学家万·列文虎克。

一个平淡无奇的镜片，列文虎克打磨了一生，他用尽毕生的精力，在坚持追求细节完美的过程中，为后人打开了通往微小世界的天窗，他的执著和顽强的意志力更是让科学的真理为之折服。

你可能成就不了列文虎克的科学奇迹，可是这种耐心和坚韧的精神力量却可以帮助你敲开成功的大门。

在修炼自我的过程中，请记住著名管理顾问专家威迪·斯太尔有一次在为《华盛顿邮报》的专栏撰文时写到的："每个人都被赋予了工作的权利，一个人对待工作的态度决定了这个人对待生命的态度，工作是人的天职，是人类共同拥有和崇尚的一种精神。当我们把工作当成一项使命时，就能从中学到更多的知识，积累更多的经验，就能从全身心投入工作的过程中找到快乐，实现人生的价值。这种工作态度或许不会有立竿见影的效果，但可以肯定的是，当轻视工作成为一种习惯时，其结果可想而知。工作上的日渐平庸虽然表面看起来只是损失一些金钱或时间，但是对你的人生将留下无法挽回的遗憾。"无数成功人士的人生经历表明：优秀和卓越是一种习惯，伟大是磨出来，成功是熬出来的，好员工是炼出来的！

不经历风雨怎么能见彩虹，没有人能随随便便成功。最后，我以奥格·曼狄诺《世界上最伟大的推销员》一书中的一段话，作为好员工自我修炼的格言，也作为本章和本书的结尾：

"从今以后，我承认每天的奋斗就像对参天大树的一次砍击，头几刀可能了无痕迹，每一击看似微不足道，然而累积起来，巨树终会倒下，这恰是我今天的努力。

就像冲洗高山的雨滴，吞噬猛虎的蚂蚁，照亮大地的星辰，建立金字塔的奴隶，我也要一砖一砖建起自己的城堡，因为我深信水滴石穿的道理，只要持之以恒，什么都可以做到！"

第五章 让阳光心态照亮前程

【好员工修炼自我检测】

序号	检测项目	存在问题	改善计划
1	我有成功的欲望和野心吗？我是否经常挑战自己的潜能和极限？		
2	我有"老油条"的迹象吗？我的工作状态是自动自发还是被动应付？		
3	在工作中我能够做到"日行一善"吗？我是如何做的？		
4	我怎样理解职业生涯中的量变质变规律？是否在为卓越绩效进行着量变的准备和努力？		
5	我善于否定自己吗？我是如何自我扬弃的？		
6	我有跳槽的经历吗？我为什么而跳槽？金钱？能力？兴趣？		
7	我为提升自己的职业能力做了什么样的努力？		
8	我是一个善于行动、持续行动的人吗？		
9	富兰克林的人生修炼给我什么样的启发？		
10	我有一个成为好员工的行动计划吗？我应该怎样实践这本书中倡导的理念和方法？		